読みなおす日本史

日本における書籍蒐蔵の歴史

川瀬一馬

吉川弘文館

目次

第一部

第二部

附録

第一部

はじめに

今回私が掲げた題目は、大変に難しい内容で、限られた短い時間内に十分に論ぜられるかどうかと思いますが、これらの問題については、前に時折論文を発表しているものもありますけれども、この際、総合的に歴史的考究をまとめておくことがよかろうとお勧めを受けましたので、奮発してやってみようということになったわけであります。話は四回くらいでまとめるつもりですが、印刷にして残したいと考えておりますから、足りません点は皆様からも教示をいただき、自分でもまた考えつくこともあろうかと思いますので、補って集成しておきたいと存じます。

今日の第一回は、主として金沢文庫の問題を考えてみたいと思います。それには色々附随したこともあります。

そもそもわが国は、形ある文化はことごとく海外から学び取りましたが、その形ある文化を遠く離れた海外から学ぶについて、一番都合のよいものは書いたものです。ですから書物の形になったものを極力輸入して、それによって学び取るということが、最も大きな働きになりました。

聖徳太子以来、遣隋使・遣唐使、それに留学生・留学僧等を多く派遣して、向こうの実際を見聞し、機具を持ち帰って、教え伝えるということも盛んにやっていますが、条件が色々限られますから、一時にそう多勢が押しかけるということもなりません。もっとも後の鎌倉時代になりますと、禅宗の勉学僧が江南地方の禅寺に一時に数百人も滞在していたことがあったようですが、これは一時期の例外現象で、書物によって万事を承知するのが最も容易な方法でしたから、書物の輸入が非常に大切にされました。古い時代には、向こうの貿易船が新しい印刷本などを持ち運ぶこともありましたが、こちらから識者が渡海して、わが国文化の発展に必要と考える書物を選択して将来することが絶えず行われました。

遣唐使などは仏典をも含めて、向こうの主要な書物を将来することに全力を尽し、その将来した書物をこちらで複製して学び取りました。漢籍の蒐蔵の中心は朝廷皇室の書庫で、『日本国見在書目録《けんざいしょ》』などがそれを証しております。もともと皇室の先祖の豪族は、海外の文化を最も巧みに利用して主権者の地位を獲得した勢力で、その余波かと思われますが、大陸の学問を学び取るいわゆる漢学の博士家は揃って皇族の一味（藤原氏一族の中の博士家を除いては）である点にも現れております。そのことも私の『日本文化史』（講談社学術文庫）の中に指摘してあります。

仏典以外の書物は、室町末期までは、書写によって複製されることがほとんどでしたが、文禄・慶長以来、いわゆる古活字版の時代以後、江戸時代には、漢籍のほとんどは復刻されております。『康《こう》熙《き》字典』などは、一部を輸入すると、すぐに復刻して、多くの学徒が利用できるように運んで、間もなく訓点を付けた本も出版されるという具合です。この訓点本は、漢籍・仏典を通して、ほとんどのものが出版されていて、非常に読みやすくなっているわけであります。訓点本は漢籍・仏典の翻訳で、聖徳太子以来長い時間を費やして、大陸の文化を我々の先祖が骨を折って学び取り理解しおおせた結果の産物であります。

余談ですが、私どもが学生の頃、漢文を学ぶ時に、漢文専門の先生方は、「訓点本はいけない、読書力が付かない。その上、訓点に間違いが多いから訓点本は使ってはいけない。白文で勉強するように。」と言うので、白文ばかりで学んだものでした。おかげで漢文を読む力は付きました。大正から昭和極初期のことです。しかしながら、今になってよく考えてみますと、これは我々の先祖が多くの叡智を集めてすべての漢籍・仏典を読みこなすことができた結晶が即ち訓点本であります。一冊の訓点本といえども多くの意義を含んでおりますから、あるいは一部分には間違いがあるとしても、その部分を訂正すればよろしいのです。古写本には訓点が付いているものが非常にたくさん残っておりますが、版本の訓点本は、寛永以後に整版本として一度にどっと出版されました。しかし、今日はそれらの訓点本は粗末にされて、残っているものが非常に少なくなりました。何がどこにあるか探すのに骨が折れます。したがって、そういうものは、これから大切にしようと思っても、もうなかなか集めることはできません。ですから、そういう書物が集まっているところが大切になって来ます。

その点では、ただ今私が再調査をお引き受けしている徳富（蘇峰）先生の成簣堂《せいきどう》文庫、これはその方面でも将来非常に大きな役立ちになるコレクションであると思います。足りないものもありましょうけれど、まずあそこへ駈け付けて、それから足りないものはほかを尋ねるということになると思います。けれども、今ではまだこのたぐいの総目録などはできておりませんから、探すのは全くの手探りですが、近く成簣堂文庫の総目録が編刊されれば非常な役立ちになるのではないか。私は、その前に、明年（昭和六十三年）の末には成簣堂文庫善本書目の増訂新版が完成すると思いますから、その附録に成簣堂の寛永版の総目録を印刷しておきたいと考えております（巻末附録に序文掲出）。

海の外から文字通り生命がけで持って帰った書物を大切にして、これをよく読み込んで、そして自分の国の文化を興そうというのが、我々の先祖の古代人の努力であります。まず法治国家として律令格式の編纂制定という一大事業が最優先で、これには聖徳太子から平安朝の醍醐天皇の時代まで二百数十年を費やしております。そのため、漢字・漢語を正確に理解し、漢文の表記に熟達することが第一に必要でした。その熟達の結果、仮名も発明されて平安中期には国語の表記も自由になったのでありまます。その基礎を築いたのは奈良朝の留学生・留学僧で、就中、吉備真備・安倍仲麿・僧玄昉《げんぼう》の三人の力が大きいと思います。『続日本紀』にも、数多い留学生の中で最もすぐれていて、唐朝から敬意を払われたのは、真備と仲麿のただ二人であると記されているほどであります。

彼等は秀才で、選ばれて二十歳で入唐し、唐の文化の最盛時に二十年間も滞在して四十歳の働き盛りに帰朝しました。仲麿だけは玄宗皇帝に用いられて向こうに残りました。向こうに用いられるくらいでなければ、唐の文化の大事な点を学び取ることも、向こうの重要な文献を乞い受けて持ち帰ることも十分にはできません。もちろんそのためには多分の砂金も使わなければなりませんが、要は帰するところ、人の問題であります。玄昉が整った一切経を持ち帰ることができたのも、その才を玄宗皇帝に認められてのことで、その玄昉将来の一切経が奈良朝の写経事業を大いに興した原動力となっております。その玄昉は聖徳太子以来の仏法立国——これは律令格式の制定による法治国家を確立するまでの、いわば便宜的な処置手当と見られます——の時世に政治力を発揮したため、政権を狙う藤原氏に葬られて、真備も危うかったのが、一時の左遷程度で遁れました。それには天皇が物学びの師として厚く尊崇していた故で、唐文化をもっぱら学び取ろうとしていた時世に、真備は唐の文化を身にそなえた最高の人物で、むしろ真備自身が唐の文化そのものと言ってもよいほどの内容でしたから、藤原氏もまた、これを滅してしまうことはできなかったのであります。

真備は六十歳にして遣唐副使として再び入唐しました。それは玄宗皇帝の開元二十五年（七三七）に向こうの律令格式の最終的な改定が整ったため、それを乞い受けに行く大任を帯びたものでありました。向こうに尊崇されているほどの人物が出向かなければならなかったのでしょう。向こうに在国していた安倍仲麿（唐名朝衡）もそれを扶けたと思われます。あるいは更に推測を加えるならば、仲麿の帰国の贈物的な意味も加わって開元二十五年（七三七）改定の律令格式を無事持ち帰ることができたのかもしれません。それほどにその局に当たる人たちの力は重要であったと思われます。その仲麿は鑑真和上の来朝にも協力していますが、不幸にして仲麿が陪乗した大使藤原清河の第一船は沖縄まで一緒に戻って来たのに、風に吹き戻されて、大陸へ残る運命となり、再び帰国の機なく彼の地に終りました――仲麿はわが宝亀元年（七七〇）長安にて没――。入唐の目的を果たし、鑑真和上を伴い帰った真備は、その後二十年八十二歳の寿を全うし、わが国文化の発達に力を尽しました。真備は両度の入唐帰朝に際し、こちらに来ていなかった必要な珍しい漢籍をたくさん持ち帰ったようであります。

仲麿は向こうに残ったくらいですから、唐人を娶っていたと思われます。仲麿が帰国するとなった時、唐の交友たちが別れを惜しんで会を催し、送別の詩を作りましたが、王維が長い詩序を草しております。それを見ると、向こうの婦人と結婚して、役人として各地の任に赴いていることがかなり詳しく述べられています。私は真備もまた向こうの人と結婚し、由利という子があちらで生まれたのを連れて帰ったのではないか、由利は天平神護二年（七六六）に願経（もと西大寺に残存）を作っていますが、天平七年（七三六）に唐から帰朝した後に生まれたにしては、早くに位を授かっており、どうも向こうで生まれた子を伴い帰ったように思います。彼の地に二十年滞在し、向こうの人と結婚生活をするくらいになっていなければ、向こうにいて唐人と一緒に活動し、その上、唐の文化を真に理解することも難しいと思います。唐の文化がよく身に付いていたということはそういうことでありましょう。

国家を挙げて、大陸の進んだ文化を学び取ることを大切にして全力を尽し、律令格式を始め、向こうの書物を集めることに努めました。しかし蒐集しても、それを数多く複写するわけでもありませんで、一切経は奈良時代に特別に写経事業で幾蔵も伝写されましたけれども、漢籍の方は大学の教科書などは必要な数だけ写し取られるわけですが、その他の書物は官庫に一部を蔵する程度で、それと同程度に充実した書庫がいくつもあったというわけではありませんでした。ですから官庫の冷然院――然は火の字だから焼けたのだと縁起をかついで、「泉」と改めたほどです――が焼けてしまったので、大騒ぎをして、また諸方からかき集めて復旧を企て、その結果、藤原佐世《ふじわらのすけよ》に勅命して『日本国見在書目録』が調製されました。その目録は一部抄録したところがありますが、その目録で見ても、向こうの書物を努力して随分よく蒐集したものだと驚くほどの内容です。

ともかくも、漢籍を網羅的に集めてあるところは官庫――これは朝廷と皇室と一体となっておりますがほとんど唯一ですから、誰でも自由にあれを学びたいこれを読みたいというわけにはいきません。その上、漢籍を学ぶ専門家は博士家です。その博士家の所持しているテキストも、明経道と文章道の家では異なるという次第で、各博士家が数多いことごとくの漢籍を所蔵しこれを学んでいるというわけではありません。しかも、それぞれの専門家はほかに内容を伝え広めては、飯の食い上げですから、家伝は秘伝であります。

面白いことに、それら博士家の家伝の内容が、その家々の女《むすめ》によって異なって現れているということです。清少納言は清原家、紫式部は藤原家で、その家学の中味が、彼女らの仮名文学の作品の内容に異なる反映をしております。博士家でも女子には直接漢籍は教授しません。高階成忠《たかしなのなりただ》の女《むすめ》の貴子《たかこ》（儀同三司の母）の場合は稀に見る例外のようで、貴子に漢学の素養がありましたから、関白道隆の妻となって伊周《これちか》・隆家等の男子に漢学を教授し――もちろん父の成忠が専門の教授はしたことですが――女《むすめ》の中宮定子にも教えて、一族皆その方面のすぐれた教養を身に付けていました。その様子は『枕草子』によく描かれております。それで、女子には直接教えませんが、兄弟が親から教授されるのを耳で聞いて文句を覚え、また、講義を聞いて意味も理解します。テキストを声を出して鸚鵡《おうむ》返しに読み、文字を突いて教授しますから、もしできがよくないと、繰り返しやりますので、女の子はなおさらよく覚えます。清少納言などはその耳学問の最優等生、紫式部もまた同類の才女です。そして、博士家によって異なる耳学問の素養が、彼女らの作品、『枕草子』『源氏物語』に姿を変えて表現されているというのはまことに面白いことであります。

かように専門の漢学の家でも直接必要とする書物以外にそんなに多くの蔵書を蓄えているわけではなく、大学で必修する漢籍、『論語』と『孝経』とは比較的多く伝写され、またその内容がわが国の社会道徳の教えとして尊重されておりましたから、なおさら読まれていたはずですが、平安朝書写の『論語』も『孝経』も残存しておりません。平安朝書写の漢籍すべてを算えてみても非常に少ない数であります。むしろ大陸から輸入した原本、唐写本の漢籍の方が遥かに多数残っているのは皮肉な感があります。ですから、時代を下げて室町末期までと限定しても、漢籍の古写本をすべての書目を網羅して揃えることは思いも及ばぬことで、『論語』と『孝経』、その他若干の書物だけが比較的数多く残っているに過ぎず、室町末期以前の漢籍の古写本の現存は、たとえば『古文孝経』『論語』のほか『毛詩』『大学聴塵』あるいは『文選』『史記』『白氏文集』等、はなはだ少ないのであります。時代の古いものは、戦乱その他で亡びたものも多く、残りにくいのでありますが、それにしても、もともとの絶対数が少なかったからであると思われます。ある種の特定の漢籍だけを専門家たちが丁寧に読んでいた実体を反映していると見ることができます。博士家の次男・三男が天台・真言等の学僧となって、地方豪族などに教授することも、平安朝の半ばから行われているようですが、それは鎌倉幕府以後多く見られるようになりました。それでも教授する書目はごく限られております。室町初期に下りますが、上杉憲実が足利学校の校規として、学校で学ぶべき漢籍を列記した――『三注』『四書』『六経』『列』『荘』『老』『史記』『文選』（三注は『蒙求』『胡曾詩』『千字文』）が中世における漢籍学習の大要を伝えていると見られます。

1　金沢文庫の和漢典籍蒐集

こういう大勢のなかで金沢文庫の本を考えてみますと、漢籍は申すまでもなく、国書をも含めて仏書以外でわが国の伝存書の中で最も古く、かつ形の上からもすぐれている書物は、金沢文庫本であります。もしも金沢文庫本がなければ、本当にろくな書物はないと言っても言い過ぎではないと思います。そのくらい、金沢文庫本というものは和漢書の古書の最優秀群として目立っているのであります。

ただ、金沢文庫本も既に亡んだものも少なくありませんから、文庫の最盛時のどのくらいの部分が残っているかがよくわかりませんけれども、かなり残っているとしましても、それはほんの一部分ということになると思います。しかしその一部分残っていると思われるものに非常にすぐれたものが様々あって、古書を愛好し、また研究するという立場――内容を調べるということも含めて――から見て、金沢文庫本というものが非常に光を放っているわけであります。

その金沢文庫について考える場合に、文庫は現在でもその跡が残っていますが、私の若い時、鹿島則泰翁がうまいことを言われました。「金沢文庫は鯛の中落ちである」と。真に適切な譬えで、つまり肝心なものは皆外へ出てしまって、残っているものはあるけれども、それはそういうものだと言う

図１　金沢文庫旧館

ことで、全くその通りだと思います。けれども残っているものも、たとい断片といえども貴重で、色々のことを教えてくれます。文庫の本は長い間にたくさん外へ出てしまって、今残っているものは僅少であります。と申しましても、文庫の外へ出て残っているものが相当数突き止められるわけであります。

次に、その外へ出たものが、いつどうして出たものか、流出の場合を考えてみたいと思います。が、それを考えます前に、北条氏がなぜに和漢の典籍を蒐蔵したか、その真の意義をはっきりさせたいと思います。この北条氏の金沢文庫蒐蔵の意義はこれまではっきり考えられておりません。

それは単に書物が好きであったというようなことからではありません。しかも非常に費用をかけていると思われます。物語や和歌の古書は、平安朝後半以来、ほとんどは枡型本の小型になっております。それは料紙が貴重な故で、明らかに料紙の節約であります。ことに斐紙《ひし》の料紙は非常に貴重ですから、紙幅尺余の一枚を長く継いで一軸の書物に大字書きで仕立てるところを小型本にして、その料紙を四つ切り・六つ切りにして四半本・六半本にすれば、四部も六部もできるわけです。

しかるに金沢文庫本は大型の斐紙を用いた巻子本が原則で、姿も堂々としており、文字も立派です。時には『たまきはる』のように帖装のものもありますが、それでも帖装本としては大きい方です。思うにこれは料紙を送ってそれに書いていただきたいと注文したものかと察します。

実は昨年（昭和六十一年）文化財の審議会の時、冷泉家《れいぜいけ》の時雨亭《しぐれてい》文庫から建仁二年（一二〇一）の奥書がある『伊勢物語』の下巻一軸が出て来ましたが、私は一見、金沢文庫本と連想しました。何でも金沢文庫に結び付けるわけではありませんが、北条家から料紙を届けられて『伊勢物語』の伝写に応じたものが、何かの理由で金沢文庫に渡らずに残留したものではないかと推測された次第です。冷泉家の残存古書の中では、形の上からは不似合の古写本でありましたから、そう思われたのであります。建仁二年の奥書があっても、この年に書写したものとは限らず、家伝のこの奥書のある本を伝写して渡そうと考えていたものと見られますから、私の推定は必ずしも妄想とは言い捨てられぬと思っております。

金沢文庫の和漢書蒐集は、ひとり金沢北条氏の為すわざではなくて、北条執権を中心とする北条幕

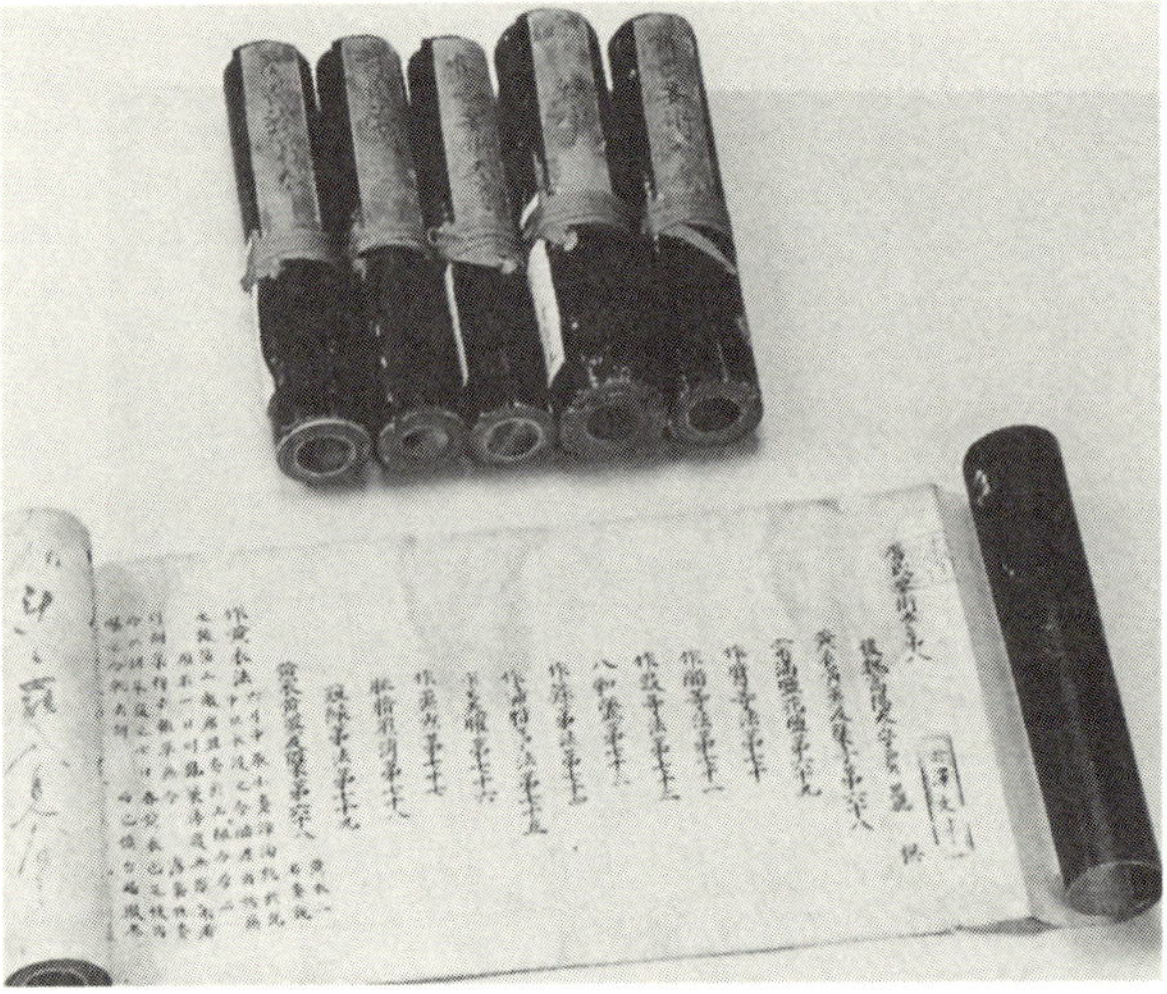

図2　大型巻子本「斉民要術」

府の意図するところであると思われます。北条氏の一族の中にも文庫的な集書を持っていた者も複数あったようですが、おそらく金沢北条氏は六波羅探題となって京都に駐在したため、京都の公家衆に対して家伝の古書の複本を乞い受ける便宜があるので、その役目を担当したものだと思うのです。もちろん金沢氏が学問に心を寄せていたということもあったでしょう。しかしながら、何といっても、六波羅探題という役目はそのためには有力な条件であったに違いありません。清原教隆のように鎌倉に下向滞在している間に家伝の秘説を伝授して貰ったものもありますが、実はその如く、各専門の家筋に対して、家伝の秘書の複本を乞い受けております。

前に申しましたように、各方面の書物が一家に全部網羅的に集蔵されているということは、関白家でも必ずしもそういかないので、皆それぞれ専門の家にその筋の書物だけを伝承しているのであります。それ故に、つまり権威ある各家の伝本を各個射撃で手に入れるやり方を執っていると思います。河内本《かわちぼん》の『源氏物語』は源光行《みなもとのみつゆき》自身の校合本《きょうごう》を直接伝授されており、『大鏡』なども著者の原本を持っている家の秘本を直接書写させて貰っていると推測します。

東松《とうしょう》家《け》本の『大鏡』――これは大阪城伝来で、もと金沢文庫本。関白秀次の蒐集で後に記す――をつぶさに校合して見て、その書写相は尾州家本の河内本『源氏物語』の書写相と軌を一にすると気付きました。しかも両本に同じ筆者と認むべきものがあります。

『律令格式』『法曹類林』や『白氏文集』、『本朝文粋《ほんちょうもんずい》』『続文粋』というたぐいでも、いずれも内容の筋のよい伝本を揃えて集めております。

尾州家の河内本『源氏物語』は、昭和の初年、徳川義親《よしちか》侯がこれに興味を持って河内本の校本作成に力を入れられたので、東山御文庫本や三河の鳳来寺本をフィルムに撮り、顕微鏡で拡大して覗き見しながら校合しました。底本は尾州家本で、まずタイプに打った活字の本文を数部作成し、それに各本を校正して各々の異同を比較しました。大阪の平瀬家本は借り出して直接校合しました。最初の頃は麻布材木町の徳川邸、途中で徳川邸が目白の現在地へ移転してからはずっと目白で、毎週土曜日に、私が音頭取りで片寄正義君や高橋貞一君等十人ほどで仕事をしたものでした。最古最善の立派な『源氏物語』で本文を読むのですから、皆校合に励みました。私が山岸徳平先生を助けてやった仕事で、

図3　河内本『源氏物語』

実はそれには大いにわけがありますが、先生は時々顔を出されるだけで、私が全部指図をして校本を進め、先生は一度も校合に当たられたことはなく、結果を参照して解題を執筆されました。

ただ私はそのお蔭で尾州家に信用を得て、蓬《ほう》左《さ》文庫を東京へ移す調査も命ぜられ、「駿河御《するがお》譲本《ゆずりぼん》」の研究もできました。蓬左文庫の因縁は後に述べますが、それ以来『源氏物語』の古本との関係は深く、幸いに『源氏』も読み込んであるので、そのうち『源氏』の現代語訳もやってみようと考えている次第です。半世紀以前の『源氏』の校合は、その頃ではまだほかではやらない機械化の新しい試みというわけでしたが、それと較べ、ことに戦後の写真その他の機械の発達進歩にはまことに隔世の感があります。

その時は原本をフィルムに撮影する場合に、本を据え置いて表のページだけを順に撮し、次には裏ページだけをめくって続けて撮すというやり方ですから、校合する時に、半ページ飛びのフィルムの本文の小口を見出して読み合わせるのがなかなか厄介でした。その上、顕微鏡でフィルムを覗くというのも楽な仕事ではありません。まだ蓬左文庫の建物ができず、林政史研究室・生物学研究室の一室を借りて仕事をしておりました――その林政史研究室を司っていた所三男さんはまだ健在でした。

さて、鎌倉幕府は、武家政権の実をあげる新政治を行おうとして、源頼朝は京都から公家の学識者、大江広元・三善康信等を招き、直接すぐ前の平清盛並びに院政時代の政治行政を参酌して、新しく簡素な政治行政の形態を整えましたが、北条執権はさらにこれを推し進めて、武家政権における真の文武両道の道を探り当て、北条泰時に至って御成敗式目を制定、武家政治の軌範を確立し得て、武家文化の基礎を明白にしました。これは非常な意味がありますが、それらについては拙著『日本文化史』に詳しく記述しましたから、それに譲ります。

この大事な基礎を確かにするために、北条氏は、律令制度の法治主義の実態を検討し、その政治思想、実際の運営等を承知すべく、その文化の培養に資した典籍、並びにその業績を書き留めた記録文献等の蒐集にも努めたと考えられます。いわゆる温故知新の実をあげ、前代にまさる善政を執行しようとしたのであります。それにはまず何を読むべきか、即ち何を集むべきかに指導を受け、それを最善の方法で実行したに相違ありません。そのために前述の通り、それぞれ専門の家筋に渡りを付けて、

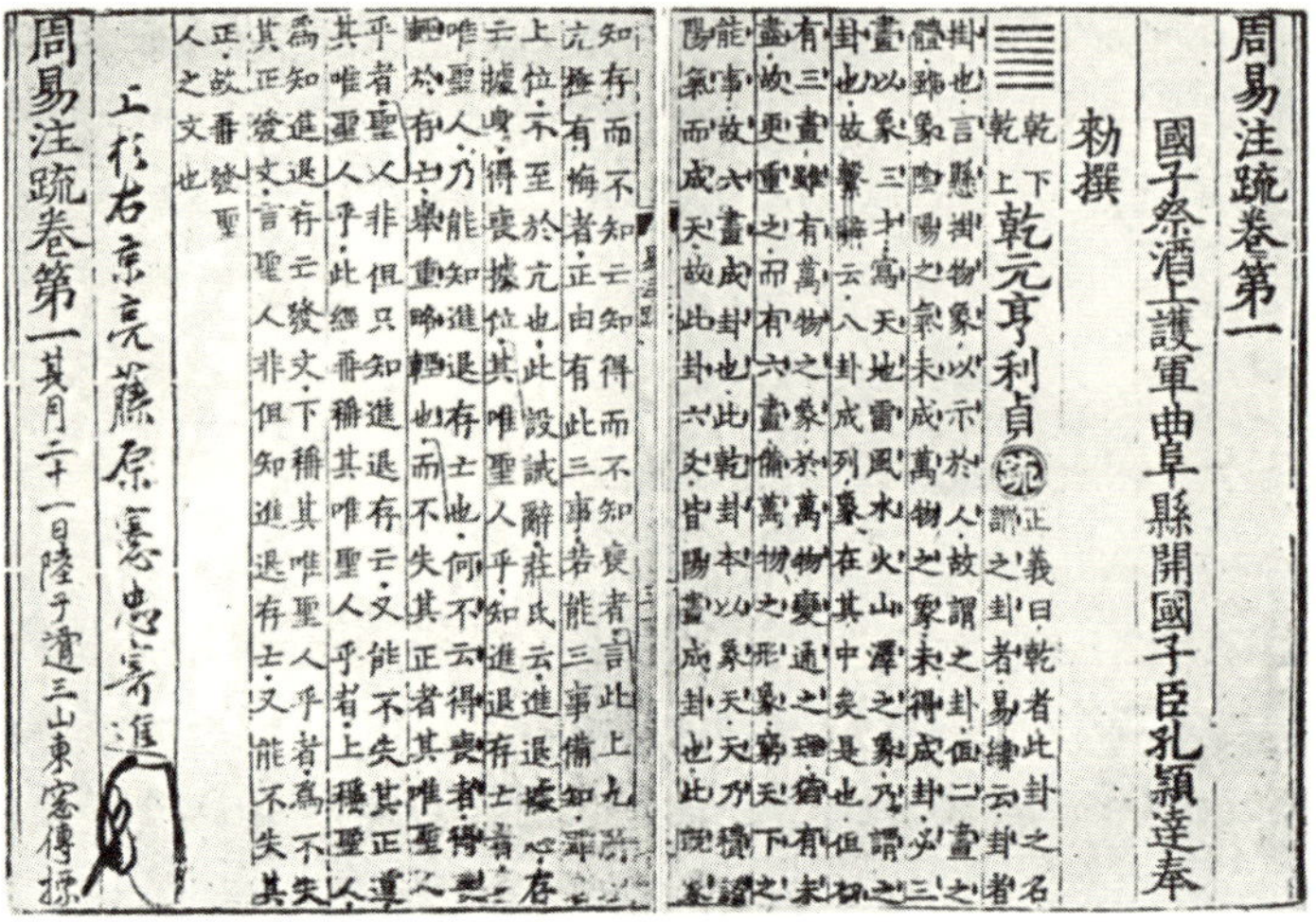
周易注疏卷第一
國子祭酒上護軍曲阜縣開國子臣孔穎達奉
勅撰
乾下乾上 乾元亨利貞 疏 正義曰乾者此卦之名謂之卦者易緯云卦者掛也言懸掛物象以示於人故謂之卦但二畫之體雖象陰陽之氣未成萬物之象未得成卦必三畫以象三才寫天地雷風水火山澤之象乃謂之卦也故繫辭云八卦成列象在其中矣是也但初有三畫雖有萬物之象於萬物變通之理猶有未盡故更重之而有六畫備萬物之形象窮天下之能事故六畫成卦也此乾卦本以象天天乃積諸陽氣而成天故此卦六爻皆陽畫成卦也此既
知存而不知亡知得而不知喪者言此上九所以亢極有悔者正由有此三事若能三事備知雖居上位不至於亢也此設誡辭莊氏云進退據心存亡據身得喪據位其唯聖人乎知進退存亡者唯聖人乃能知進退存亡也何不云得喪者得喪輕於存亡舉重略輕也而不失其正者其唯聖人乎者聖人非但只知進退存亡又能不失其正道其唯聖人乎此經再稱其唯聖人乎者上稱聖人為知進退存亡發文下稱其唯聖人乎者為不失其正發文言聖人非但知進退存亡又能不失其正故再發聖人之文也
周易注疏卷第一
右京亮藤原憲忠寄進
同月二十一日陸子遺三山東窓傳標

図4　宋版『周易注疏』

伝写を乞うたのであると思われます。それには清原（教隆）・菅原（為長）の博士家や冷泉為相——これは訴訟のため下向したのですが——等が鎌倉に滞留したことも好都合であったと考えられます。

金沢北条家は実時・顕時・貞顕と三代にわたって、みずからも書写に努めて熱心に蒐集しております。また、大事な書物を集めていると、ついでに求める意志のないような書物も附随して集まって来るものであります。金沢文庫の蒐集にもそういう傾向の書物も確かに見られます。しかし、そのためほかに伝わらぬような珍しい内容の書物も残りました。『名語記《みようごき》』や『たまきはる』などはそのたぐいでしょう。

それに関連して私が疑問に思っておりますのは、宋版の五経類を二種以上も集めておりますが、それを全部直接向こうから新しく輸入したものかどうか。既に宋も終りで、元になっています。現存金沢文庫本の宋版五経のたぐいがその頃まだ向こうに、自由に入手できるほど市場にあったかどうか、それも疑わしく思うのです。私はそれ以前に向こうで集めて持って帰ったものを譲り受けているのではないか、たとえば、鎌倉極初期に入宋して、外典の漢籍などをことのほかたくさんに意を用いて将来した泉涌寺の俊芿《しゅんじょう》律師などの持ち帰ったものなどを手に入れたのではなかろうかと推測するのです——足利学校に残っている宋版『周易注疏《しょ》』などは、宋端平元年（一二三四）に陸放翁《りくほうおう》の子陸子遹《りくしいつ》の標閲の書入れがある本で、俊芿入宋帰朝（建暦元年＝宋嘉定四年・一二一一）より二十三年後の書入れですから、その後別に宋船の便による購書でありましょう。

ともかくも北条執権を中心とした文化史的・政治的な考慮の許に金沢文庫の和漢典籍の蒐集は行われたものであると考えられます。そう考えると、金沢氏の本拠に書物が集蔵され、やがてそこが菩提寺（称名寺《しょうみょうじ》）となり、称名寺の真言学僧が自己の教学のためにも仏典そのほかを集め、また学僧が金沢氏の典籍蒐集の助力をすることもありましたが、金沢文庫と称名寺学僧の集書とは全くその文化史的意義を異にするものであります。後には称名寺に金沢文庫本が残存して、称名寺の仏典とともに所蔵管理せられていたため、称名寺の仏典も金沢文庫本の如く扱われておりますけれども、本来の意味は全然別種であることを特に確認すべきであります。

称名寺において東大寺の理覚（医僧）が、『華厳経探玄記』（嘉暦三年・一三二八〜元徳三年・一三三

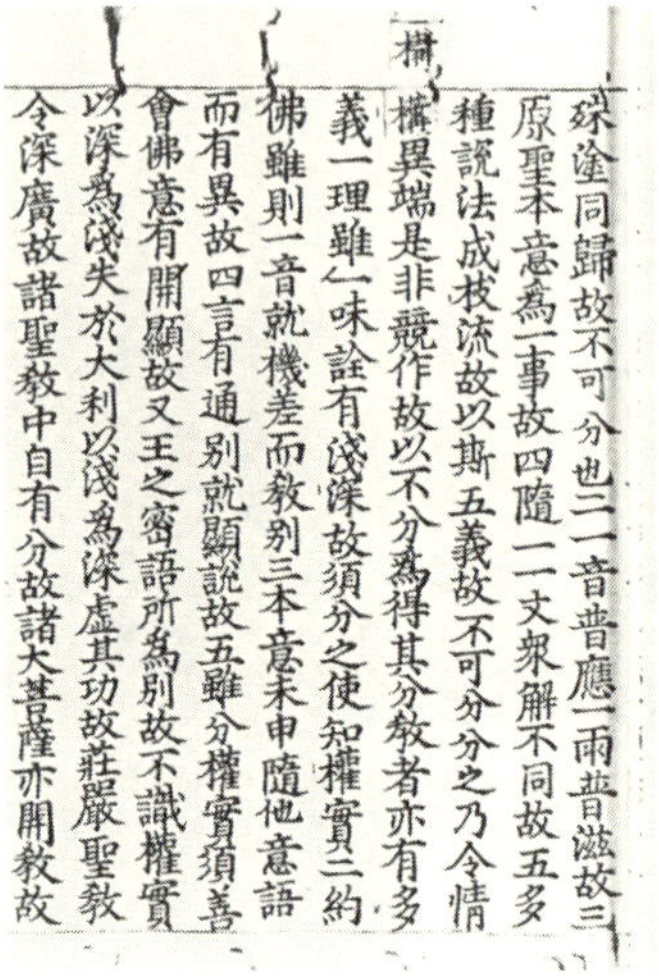

殊塗同歸故不可分也二一音普應一雨普滋故三
原聖本意爲一事故四隨一文衆解不同故五多
種説法成枝流故以斯五義故不可分分之乃令情
一構
構異端是非競作故以不分爲得其分教者亦有多
義一理雖一味詮有淺深故須分之使知權實二約
佛雖則一音就機差而教別三本意未申隨他意語
而有異故四言有通別就顯説故五雖分權實須善
會佛意有開顯故又王之密語所爲別故不識權實
以深爲淺失於大利以淺爲深虚其功故莊嚴聖教
令深廣故諸聖教中自有分故諸大菩薩亦開教故

図５　東大寺版『華厳経疏』校正摺本

図６　右の校正部分拡大図

一刊）二十巻、『華厳経疏』（正慶元年・一三三二刊）、『華厳経随疏演義鈔』（正慶元年・一三三二〜元弘三年・一三三三刊）二十巻を刊行しております。これは在来東大寺版と考えられておりますが、称名寺（現県立金沢文庫保管）に校正摺本の残っているものがあるので、金沢に在住して開版したものと判定されます。むしろ、金沢文庫の蒐集があったことが、称名寺の学僧に学問的な要素をより固めさせて、その方面の活動を盛んにさせたと見てもよいと思います。

2　金沢文庫散佚

次に鎌倉幕府が滅びた後、金沢文庫の書物は、称名寺に残存保管されておりましたが、それがその後散佚し始めました。その散佚が、いつ頃からどの程度に行われたのか。その散佚した事実だけは確かですけれど、実体は詳しくわかりません。私はその金沢文庫本流出の跡を改めて探ってみたいと思います。その中で、ただ今私は関白（豊臣）秀次が大きな役割を演じているものと推測しております。なお、この問題につきましてはさらに考究しなければならぬ点がありますけれども、今日は私の新説を御披露して御批判を仰ぎたいと存じます。

金沢文庫本が流出した最初は、足利将軍の応永年間（一三九四～一四二八）であろうと思います。応永頃の将軍といえば義満になりますが、なぜ義満頃と推測するかといえば、それは上述の河内本『源氏物語』からであります。あの河内本『源氏物語』には正嘉二年（一二五八）に金沢実時が書写した由の奥書があり、幾人かの寄合書きですが、その中に清水谷実秋《しみずだにさねあき》（応永二十七年・一四二〇没）筆と称する補写が十七帖ばかりあります。その補写には署名はありませんが、全部一筆で、その書風は室町初期応永頃と認められ、その特色ある筆跡は清水谷流といわれるものであります。清水谷実秋の補写というのは正しいでしょう。

この補写本は正嘉二年（一二五八）筆本の中に合綴されて紛れ込んでいますが、なぜこの補写があるのか意に苦しむところです。現存の保存の状態から推しても、そう簡単にあちこちの巻が抜け落ちるわけはないと思われます。応永頃に正嘉本が欠佚していたから新写して補配したものか、あるいは何かの理由で、五十四帖の中の幾帖かを分割する必要があって、――というのは、この源氏の古写本を二つに分けて所有する必要でも起こって、意識的に欠本を作ったというような事情があったのではなかろうか。清水谷流筆本の本文も同じく河内本の本文であることが、右の推測を助けます――補写をもって補ったのか。原表紙はそのままで、原表紙に並びの巻の名前を列記してあるので、補配の巻があるか否かは、中をめくって見なければわかりません。足利将軍は典籍などの善本をも財宝として所有していた様子で、ほかにもまだ金沢文庫本を所持していたのではないかと思います。上述の東条本『大鏡』なども、もと尾張家の所有で、大阪城分捕り品の一つと推測しますが、それも『源氏』等とともに足利将軍所有であったと考えられます。この源氏は三条西実隆と足利将軍家にあることを連歌師などの連絡で知った由が『実隆公記』によってわかります。

『大鏡』の東条家所蔵本は、見付かってすぐ詳しく校合させて貰って調べて、『大鏡』の著作年代などに示唆を与えられることなどもあって有益でしたが、それは寄合書きであることも河内本『源氏物語』と同趣です。中には同一の筆者もありますが、時々書き続けてありますが、時々書き誤って訂正しているところがあります。これも河内本と同趣で、この書写相を考えてみるに、これはこの書写の原本が本文に訂正加除が行われているので、その訂正した本文だけを手写するつもりで筆写する間にうっかり訂正以外の除去すべき本文を写しかけて、これを書き直しているためであると認められます。『大鏡』には流布本と古本との二系統があって、古本三巻本の系統が古く、流布本の方が本文に増補があって分量が多くなっているとされております。けれども、両系統の古写本を比較していた結果を東坴本の書写相に比照すると、東坴本の本文の性質がはっきり浮上して来ます。東坴本だけ眺めていてもそれはわかりません。東坴本の価値と意義とは論文にして公表してあります（「大鏡の成立について―建久本と東坴本を中心として―」）。来年あたりは『大鏡』について三度目を論ずる機会があるかと思いますが、この東坴本は一誠堂が複製しました。

『大鏡』の金沢文庫本に関連して、もう一つ金沢文庫本に『栄花物語』があったに違いありません。その目録のみが九条良経筆と称せられて残っております。江戸末期には掛川藩主大田家が所持していたようですが、現在は尊経閣《そんけいかく》文庫にあります。原本は忠実に臨模した写本を複数見ており、安田文庫へも私が一本求めたことがありました。目録一帖があるのですから本文もあったはずですが、その伝存を承知しません。『今鏡』（新世継）の断片が現に金沢文庫（称名寺）に残っているところからみても、『大鏡』とともにその存在は確かでしょう。『栄花物語』の原本を推し量り得るような古写本が想定できます。

それについて想い起こすことがあります。後に話が出ますが、京都の田中勘兵衛（教忠）翁が、私の恩師の松井簡治《まついかんじ》先生に向かって、自分は『栄花物語』の古写本を持っていて、それは『栄花』の原本とも言ってよい本であると言われたそうです。ですから先生は私に田中さんのところへ行ったら是非その『栄花』を見せて貰えと申されました。私は田中さんのところで一物も残らず精査して目録も作って差し上げました――それは勘兵衛翁没後すぐのことでした――が、『栄花』は古活字版だけで古写本との校合も見当たらず、古写と言えるほどのものは一本もありませんでした。松井先生に直《じか》に言われたことは嘘とは思われませんが。どういうことなのか疑問です。私はその本は金沢文庫本ではなかったかという気がするものですから、何とか追究したいと思っているのですが果たせません。どこかのお公家さんの家にでもあったのか、まさか富岡本程度のものを言っているのではないと思いますが、何しろ田中教忠は、前田松雲公に対抗するほどの国史・国文の古写本・古文書を集めている人で、多くの古文物を見聞しているわけですから、直接確かめてみたかったと後悔しております。

私はもう一つ、西本願寺本『万葉集』も金沢文庫本を模写した伝本ではないかと想像しています。竹柏園文庫旧蔵本は最近また主婦之友社で複製されましたが、この本を見ると、直ちに私は金沢文庫本の河内本『源氏』を連想します。本の大きさが同型で、表紙、装訂の具合も同趣です。そして書写年代が室町初期と推定されます。河内本『源氏』の補写年時と相似です。これは偶然の相似とは思われません。仙覚律師の奏状というものは金沢文庫から出た文書で、この奏状がある限り、仙覚律師の新点を加えた跡を明瞭に分別して残す『万葉集』が、金沢文庫にあるべきであります。

　思うに、西本願寺本の親本――恐らく仙覚律師自筆本、もしくはそれと同類の本を金沢北条氏は所持していたに違いあるまいと思います。ちなみに、前に竹柏園で複製した印本からは、今ここで私が推測するような推定説は生まれて来ません。表紙がなく原本とは違うからです。私は原本を手に取ってよく見る機会を与えられて仕合わせでした。

　右の如き推測から、西本願寺本『万葉集』の原本なる金沢文庫本も同じく義満の手に入っていたものでありましょう。

　なお、もう一つ「金沢文庫本万葉集切」と称する古筆切れがあります。それは金沢北条氏が集めた本が複数あったとしても差し支えありませんが、私が関白秀次の古筆古典籍蒐集の熱意と、それにからまる古筆家の先祖のことを思うと、こういう点も秀次の所為が原因になっているかと推測されて来るのです。

　室町初期に金沢文庫本を摂取した人物としてはっきりしているのは上杉憲実《うえすぎのりざね》であります。憲実は関東管領の執事ですから、その管轄下にある金沢文庫本を摂取することは容易であったと思われます。足利義満は応永十五年（一四〇三）五月に五十歳で没し、上杉憲実が鎌倉の執事となったのは応永二十六年（一四一九）ですから、義満の金沢文庫本摂取に関与してはいなかっただろうと推測しますが、永享十年（一四三八）八月にいわゆる永享の乱が起こり、足利持氏は幕府に反きますが、憲実はその翌十一年に宋版五経のたぐいを足利学校に寄進しております。五経の注疏のほかにも宋版唐書を寄進していたことが近年になって判明しました。しかもその唐書の一部分宰相表には金沢文庫印があって、「駿河御譲本」の中であります。けれども在来は憲実寄進の宋版五経には金沢文庫印がないので、江戸末期の近藤守重（正斎）の『右文故事』など丹念な調査にも金沢文庫本ではないと言っているのは止むを得ません。しかし、私は早くから金沢文庫本と考えておりました。憲実の頃に憲実の分際であのような宋版五経を足利学校へ寄進したほかにも宋版『毛詩正義』——憲実が終焉の地山口県の大寧寺に残したものと伝う——を所持しているほどの多数を、海外から購入するなどの途はないと思います（なお、拙著『足利学校の研究』参照）。

上杉憲実が摂取した金沢文庫本には「金沢文庫」の印記を捺《お》したものはありません。上記の山口から出た宋版『毛詩正義』は例外ですが、これには問題があります。私は金沢文庫印は憲実摂取の後に捺したものと思います。そして小田原北条氏が摂取して、足利学校庠主《ようしゅ》九華に永禄三年（一五六〇）に附与した宋版『文選』（足利学校遺蹟図書館に残存）には捺してありますから、永禄三年以前のいつかということになります。正確にはわかりませんが、印形、印影の捺印具合、墨色等から推してそれよりそんなに以前とは思われません。およそ数十年くらいと考えると、憲実摂取と小田原北条氏摂取との中間あたりになります——永享から永禄までは約百二十年です。

亡くなった関靖さんは、金沢文庫の図書館が大橋氏の寄附で県立図書館として昭和五年に新築開館された時、あの図書館はすぐ横に宿泊設備を持つ社会教育の施設の場で、その長として就任されました。関さんは後に懇意になって伺ったところでは、少年の日に水戸彰考館《しょうこうかん》で、明治の頃、大日本史編纂の最後の締め括りをしていた栗田寛博士の下で給仕を勤めておられたということでした。ですから古い本にまんざら縁がなかったわけではありませんと言われました。しかし、金沢文庫長に来任の時は、古書は全くおわかりにならない素人でした。私は金沢文庫の建物ができて称名寺の古書を預かっていると聞いたので、見せて貰おうと思ってすぐに尋ねて行きました。関さんに初めて出会いましたが、関さんは「実はこの古いものは全くわからないので、文部省の荻野（仲三郎）さんが、自分で調べてやるから一切手を付けるなと言われていますけれど、なかなかやって下さらないので困っているのです。」との話です。私が見てあげましょうと言っても、まだ青二才の学生ですから相手にしません。それでも蜜柑箱程度の箱が積んである部屋へ連れて行かれたので、箱の中の断簡のようなものを少し引っくり返して覗きましたが、そこには目ぼしいものは見当たりませんでした。

ついでに申しますが、私が初めて金沢文庫を訪れたのは、大正七年の春、成蹊実務学校へ入学した一年生の一泊旅行で鎌倉へ見学に行った時のことです。本牧から歩いて金沢へ行き、称名寺で昼食を食べましたが、その時寺の庫裡の縁側に小さいガラス箱——駄菓子屋の店先にあるようなそれでした——の中に、菅原道真（天神）筆という紫紙金字の古写経が並べてあったのを今でもよく覚えております。その紫紙金字の古写経は、現在は文庫にはないようです。本牧から金沢までの間、人通りは我々中学一年生の一行二十五人だけでした。その時今のような専門家になろうとは。七十年前のことです。翌昭和六年秋に私は徳富先生の成簣堂文庫の善本書目の編纂を命ぜられましたが、その仕事が済んだすぐ後、昭和七年の始めに尋ねて行ったら、何と驚いたことに、関さんは文書などを出して来て説明をするのです。司書の熊原政男君なども一緒になって熱心にやっていましたが、私は関さんの変わり振りを見て、開いた口が塞がりませんでした。

他所へ見に行かずに、その頃はまだ諸事不備な参考書などによって、少し陳列してあるものに装訂などの名称も説明してあるのですが、当を得ないものが色々ありました。少し後にそのことを評して「金沢文庫書誌学」と中田邦造石川県立図書館長が言われたのは妙でした。昭和七年には日本書誌学会が結成されて、後から関さんも加わりましたが、関さんが散佚している金沢文庫本の現存書を捜索したいと言うので、私がそれまでに全国で探索しているものを全部教えて差し上げました。関さんは教わるとすぐにそこへ飛んで行きましたが、案内して同行したことも数え切れません。関さんは著書の中に一言もそのことに触れてありません。「関さんがどうしてあんなに金沢文庫本の所在を知ったのか不思議に思っていましたが、先生に教わったとわかってなるほどと思いました」と、この頃になって言われました。ただ、関さんは金沢文庫に憑かれたように熱中していましたので、私が「関さんの金沢文庫の調べは、年増の恋だ」と評しましたら、皆さんから「よくおっしゃいましたね」と笑われたものでした。その頃の関さんとの交渉の一部は『書誌学』の「読書観籍日録」にも書き載せてあります。

しかし関さんが私どもに教えられて尋ねて行った先で、新しく見付けたものもありました。身延山武井坊の『名語記』『小学書』などもその一例です。

それについては面白い話があります。武井坊ではこの二つを売りたいと言うので、関さんが頼まれて、安田文庫にいかがでしょうと私に相談がありました。私は『小学書』の方は文永七年（一二七〇）北条顕時《ほうじょうあきとき》手写抄出の一帖（もと大型巻子、厚様斐紙所用）で、五百円で引き取ることにしましたが、実は私はその頃盛んに古辞書の研究をしていたので、『名語記』のような新資料は求めて手許で考究したかったのですが、それが失敗でした。というのは、その当時、前から古辞書の研究を熱心にやっておられる先輩に京都の岡田希雄学士がいて、常に私と文通があり、古辞書の古写本や古版本などについても始終質問を受けました。私は何しろ有力な競争相手ですから、こちらは古辞書の研究など全くやっていない顔をしてカモフラージュをしていました。幸いに私は色々な問題で研究論文を発表していますから、目下何に集中して研究しているかはどなたにも見当が付きませんでした。敵を欺かんと思えば味方を欺けで、関さんなどにも古辞書の研究を学位論文になどということは秘してありました。そのため、関さんが『名語記』を見付けたら、すぐに岡田氏の知るところとなって、即刻岡田氏は身延の武井坊へ馳け付けて影写しました。岡田氏は影写する時、下へ墨がうつるような薄い紙を上へ当てがって筆で書くので、下の原本へ墨が滲んだりすると評判でした。『名語記』も現にそうなっていました。私は岡田氏が先鞭を付けたものを高い値段で安田（二代善次郎）さんに買っていただく気持はありませんでしたから、『名語記』は断わりました。関さんはそのことを知って私に詫びましたが、それは私の方が足りなかったのだから止むを得ません。しかし武井坊では売りたくて結局一誠堂が買い取りました。一誠堂の酒井宇吉氏（先代）は、私が古辞書の研究をしていることを知っていますから、この新資料は必ず私が買うと見て安田さんのところへ持って来ました。安田さんは『名語記』の経緯《いきさつ》を御承知ですから、私同席の場で不用と断わられました。その時の酒井氏の困惑の様子は別に記したことがあったと思いますが、奮発して仕入れて来たのが当てが外れてがっかりしたのはもっともな次第でしたけれども、その本は結局保坂潤治さんのところへ納まって、戦後にまた一誠堂へ戻って来たのは不思議です。

金沢文庫本の漢籍には宋版も多いので、関さんが巌松堂から『金沢文庫図録』（二冊）を出版する時、その方の解説の校閲を長沢（規矩也）学兄が担当したため、図録出版の案内書には長沢学兄と私とが一文を草し、二人で解説の文章内容にかなりの朱を加えました。漢籍の部の上巻が先に出て、国書・仏典の下巻が昭和十年に出ました。私は古活字版の研究の出版などもあって、忙しい最中にゆっくり校閲をするいとまがなく、二・二六事件（一九三六年）の二月二十八日の雪の日に終日籠居していましたので、その日に全部朱筆を加えました。それはすべてと言ってよいほど私どもに教わって書いた原稿ですから、校閲を乞われたのです。格別、断わって貰わなくてもよいことですが、私の眼が通っていますから、金沢文庫印なども全部の印影を並べて載せてあるだけで、価値判断も、いつ所用ということにも触れていないはずです。

　金沢文庫の諸問題では関さんとは随分議論をしました。時には金沢文庫の宿舎へ泊って夜を徹して論じたりもしましたが、結局意見が一致しません。私は自分の方がよいと思っていますので、内心関さんとはかかわらないことにしました。それ故に折角の関さんの『金沢文庫の研究』の内容は、やり直さなくてはダメです。それについて前に別のところにも漏らしましたが、関さんの金沢文庫に対する考え方がはなはだ足りないと私が色々批評するのを徳富先生（蘇峰）が聞かれて、「あれはあれでやらせておいて、君が後でやり直せばよいのだ」と言われました。足利学校の研究をやった私の手際を、先生が少しは買って下さってのお言葉だったかもわかりません。それで私は金沢文庫の研究は一切口にしないで今日に至りました。ところが、ようやく時が巡って来て、不思議にも成簣堂文庫の再調査（再拝見）の折に当たって、金沢文庫に対する新しい考えを公表する機会を得ました。これは、何かの因縁かもわかりません――一昨年（昭和六十年）大東急記念文庫で金沢文庫本『白氏

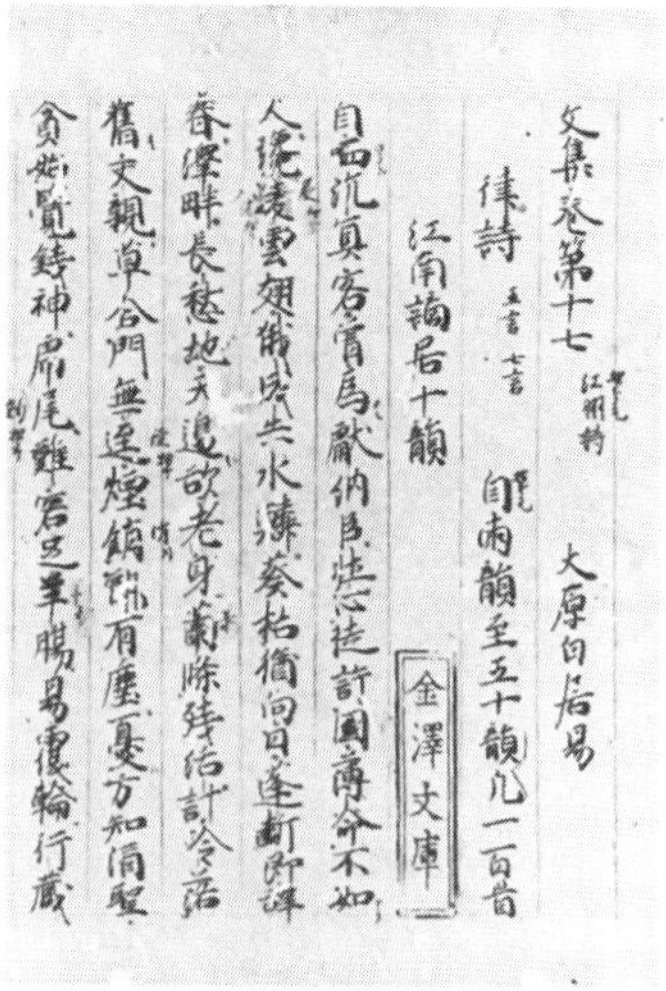

図7　金沢文庫本『白氏文集』

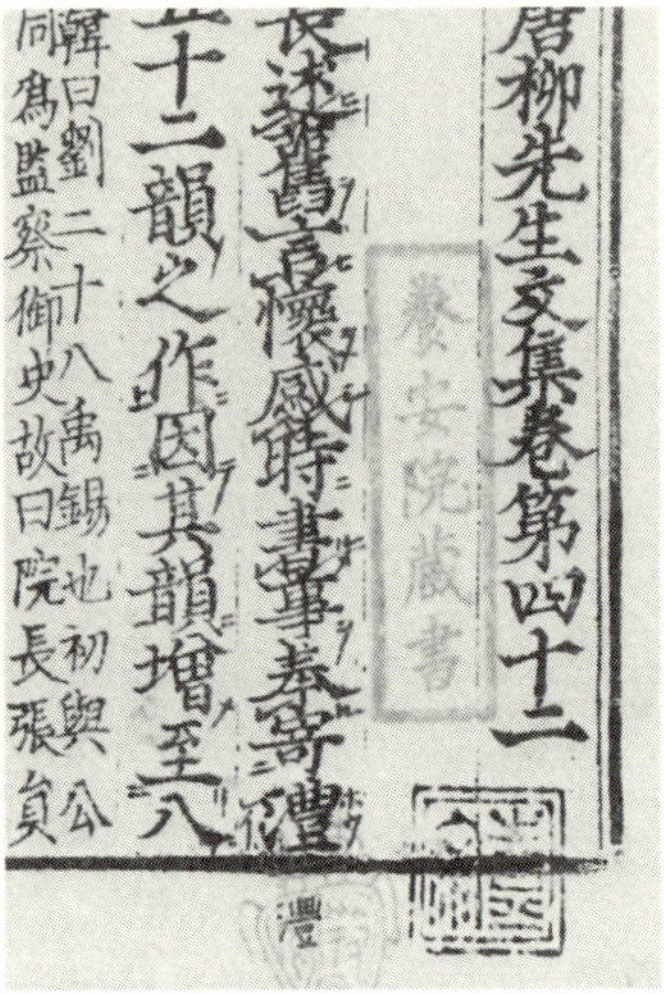

図８　曲直瀬家蔵書印「養安院蔵書」

文集』を複製した際、その解説に金沢文庫本に関する新説を一部発表しました。

上杉憲実の後、室町中期頃に最初の金沢文庫印が捺されたであろうと推測しますが、その印は、関さんが金沢文庫図録に附載した印影の番号で六号印から十二号印までの分と思います。蔵書印というものは、同じ印を何百年も使用するということはありません。同じ印文で同形に造り替えて長く同文のものを使っている例もあります（曲直瀬《まなせ》家の「養安院蔵書」などの例）が、蒐蔵者一代の使用が原則と見てもよろしいかと考えます。ですから自分の名前や号の印を蔵書にも捺します。室町時代の禅僧などにはその例がたくさんあります。

蔵書印譜を編んでいる先輩もありますが、江戸時代のものが主で慶長以前のものはあまり集録しておりません。古写・古版の善本を数多く見ることが少ないからでありましょう。蔵書印そのものも江戸時代以後急に増加しております。私も『日本書誌学概説』の中に古い方の例を少し挙げておきましたが、私が覚えているだけでも随分あります。寺院名の印が室町以前の古経類などに蔵書印として捺してある例も少なくありません。印文の書体などで作成の時代がわかりますが、捺してある印影を見

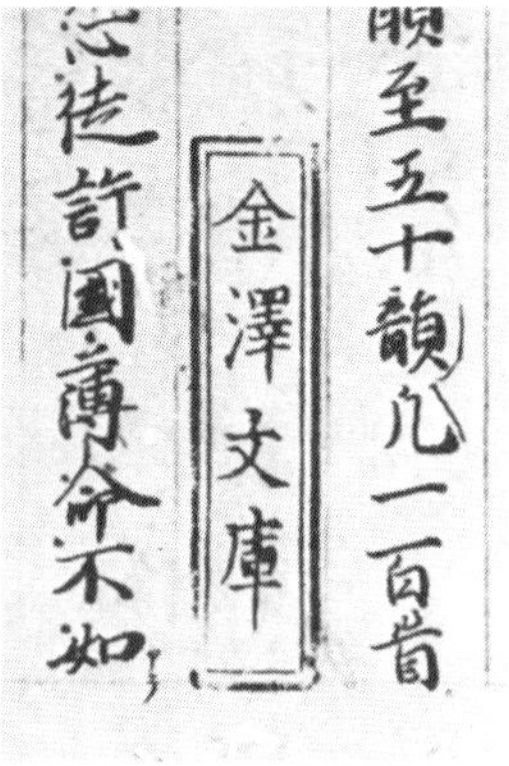

図９　金沢文庫蔵書印

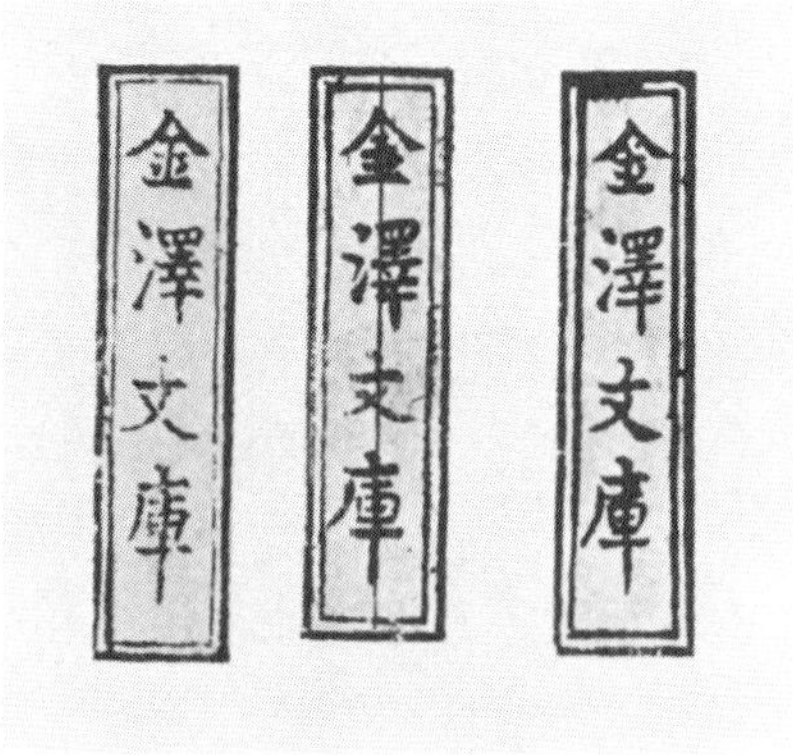

図10　偽印

れば、いつ頃使用して捺印したかも審定することができます。もちろん、偽《にせ》の印もあります。

私が前に小野道風筆と称する智証大師の御諡号勅書を尊円親王の模写ではないかと疑った説を発表しましたら、先日亡くなった太田晶二郎君が、そこに捺してある「天皇御爾」の朱印を確かめるとよいと言いましたが、それをまだ追究していませんけれど、あそこに連署している役人の自署が一つもないのも疑問だと思います。平安初期の印を鎌倉末期まで使い続けているかどうか、銅印なら磨滅は少ないかもしれませんが、何百年も経っていれば印影の具合は違うでしょうし、印文一箇くらいを模作することは造作もないことで、一番の問題は書風と印影の具合と思います。

ところで、金沢文庫の印の問題は、金沢文庫の問題を考える上に極めて重要ですが、この問題の中へ関白秀次が浮び出て来ますと、はなはだ複雑にはなりますが、よいことにある程度解決の緒《いとぐち》を与えてくれます。

図11　寺院蔵書印

3　関白秀次の典籍蒐集と金沢文庫

関白（豊臣）秀次は秀吉の姉（三好一路妻）の子で、秀吉の養子となり、関白を譲られるほどの関係ですが、徳川家康との対戦で、小牧長久手の戦に敗れ秀吉に叱責されます。が、それは付いている武将が足りなかったのです。秀次は文武両道の中、秀吉に足りない文の方面を大いに補っていたと見ることができると思います。秀吉に実子が出生したため、それまで重用していたのを改めようとして問題が双方でこじれ、急に亡ぼす手段として殺生関白の汚名を着せられて葬られたのではなかろうかと推測されます。天正の末年から文禄にかけて、亡ぼされるまでの八年間くらいの秀次の事跡を跡付けて見ますと、文化大名としての働きがすこぶる顕著であります。私は関白秀次の事跡を再検討したいと考えております。

寛永二年（一六二五）に出版されている小瀬《おぜ》甫庵《ほあん》（道喜）の『太閤記』（豊臣記）は、元和二年（一六一六）の甫庵の跋文もあるので、出版前早くに稿成ったものと考えられますが、甫庵は秀次に仕える――後に堀尾吉晴にも仕えましたが、それも秀次の関係からであると思います――医師で儒者を兼ね、易学・兵法に通じ、文禄末年から活字印刷を率先して行うなど文化的な事業も少なくありません。

秀次の側近者で、それが『太閤記』を詳しく書いているのですから、秀次が葬られる経緯を万事承知していて、その裏を何か読み取れるような書き方をしてはいないかと思って見るのですが、私の読み方が足りないのか、思うにまかせませんけれど、多少は秀次の文事を表彰しているかと察せられる点があります。

それは巻末にある伏見学問所の記載のたぐいですが、甫庵などは秀次が滅ぼされる際、切腹を命ぜられる連中の中にいてもよいほどの関係者の一人に違いないと私は見ていますが、うまく遁れているところから推すと、これは徳富先生（蘇峰）が甫庵を腐儒と評しておられるのが当たっているのであって、処身に長けていたと言わざるを得ません。細川幽斎《ゆうさい》もその一人かもしれません。延寿院玄朔《えんじゆいんげんさく》や里村紹《じょう》巴《は》等が謀反に与った側近者として処罰される対象にされているのと思い較べられます。甫庵は晩年に『豊臣記』を執筆する際に、徳川幕府時代にあって、秀次の文事を書こうと思えば、時世に差し障りなく書くことができたはずと思われます。

秀次の文事を見ていきますと、細川幽斎などは天正の末年、近江中納言（と称せられている頃）に侍した詩や和歌を詠んだりしていて、秀次にべったりの一人です。古賀侗庵《とうあん》の手記『侗庵拾葉』四に「近江黄門遊㆓鞍馬㆒看㆑花遇㆑雨而留滞、源藤孝。成群鞍馬競春風、墨客騒人吟興濃、帰計催東山雨灑、桜花知號可留公」と見えます。

秀次は天正十六年（一五八八・二十一歳）以前に三条西実隆筆の門外不出の御家本『源氏物語』を

伝領しております。これを天正十六年以前といいますのは、その本を細川幽斎が懇望して移写させて貰い、聖護院門跡道澄《どうちょう》・里村紹巴・青蓮院尊朝法親王・菊亭晴季《きくていはるすえ》・柳原資定室《やなぎはらすけさだのしつ》・吉田兼右《かねすけ》・山科言《やましなとき》継《つぐ》等に分担手写を依頼して、その上、中院通勝に校正をして貰っております。幽斎が秀次伝領の貴重本を以上のような公家衆に力を添えて貰って伝写しているのは、秀次の威光を負うものに相違なく、その頃の秀次の文芸に対する執心と秀次を取り巻く盛んなサロン的雰囲気とが察せられ、それは正に後の謡抄編纂と照応します。その幽斎が移写した本をまた忠実に写した本——写真に撮れば幽斎自筆と見える——が大東急記念文庫にあるのでこのことがわかります。その本はまた表紙が変わっている珍しい本です。

天正十八年（一五九〇）には「小田原征伐」に従い、奥州九戸城の攻略に赴いております。堀尾茂助が目代で、蒲生氏郷が奥州攻めの指揮を執っていたようです。その時、秀次は中尊寺の「金銀交書一切経」を摂取しました。それが現在高野山に四千二百九十六巻残存しております。

また、河内の観心寺に百六十六巻あって、それに「金字経」——その本体は中尊寺に残っていて、今、二千七百三十九巻現存、その内に、「金銀交書経」が十五巻交じっています——が五十巻あります。観心寺の分は高野山からいつの頃にか分出したものでしょうが、それに「金字経」が併せて五十巻もあるのは、中尊寺に「金銀交書経」が十五巻残っているのと併せて考えると、もし秀次が「金字経」をもともに摂取したのを後に秀次自殺の後返したということではないとすれば、——これは可能

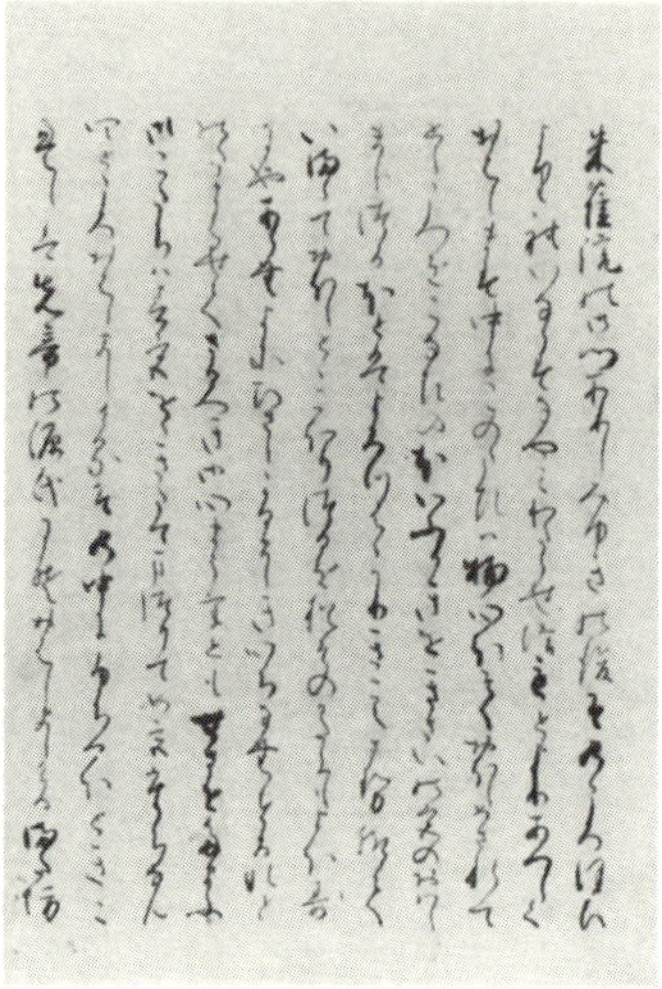
図12　細川幽斎移写本の転写本『源氏物語』

性がないとは言えません——秀次が「金銀交書経」を摂取する際、寺で「金字経」と「金銀交書経」とが若干混雑して経箱に納めてあったため、「金銀交書経」のみを摂取したはずなのに、その中に「金字経」が交じって入り込んでいて、その代わりに「金銀交書経」が若干——今、十五巻残存——「金字経」の中に紛れていたため、双方に若干の混交が生じたものであろうと思われます。現在民間に流出している「金銀交書経」は高野山か観心寺から出たものでありましょう。

秀次はこの「金銀交書経」を最後に高野山へ遁れる時、持って行ったものだと思います。また、古筆切れの尤品《ゆうひん》高野切第一種の「古今和歌集」も同じく持参したと推測します。これを高野切と古筆家が後に名付けたのは、単に高野山にあったからだと思われていますが、私は古筆家の先祖を重用してくれた秀次に対する恩報じ的に秀次所持の過程を匂わせた特名だと思います。古筆愛好の秀次がこの古筆第一の名品を最後まで身に添えていたのです。秀次が高野に残した「高野切古今和歌集」は、秀吉に摂取されて大阪城中に秘蔵され、落城の際、蜂須賀や山内に分捕られて、各家に伝わったものに相違なく、蜂須賀家にあって——今、五島美術館にある——「高野切古今集」の巻頭の「春の歌」、「年のうちに春は来にけり（云々）」の長い切の掛物は、秀次が既にその大事な部分を大きく切截して鑑賞用にしていたものと考えてよいでしょう。

一切経は経典ですから高野山に残ったわけですが、木食《もくじき》上人が秀次と善くて、秀次を助けようと努力もしたらしいのですけれども、高野山では秀次の死後、徳川家康が足利学校の摂取本を全部返却させましたから——後から申しますが、金沢文庫の摂取本も同じく返させたりしたので——金銀交書の一切経も中尊寺へ返させられることを恐れてのことでしょう、あるいはまた豊臣関係という点をもはばかったせいか、高野山では一切経は秀衡が寄進したという偽証文を作りました。結果は助かりました。

それからもう一つ。「小田原征伐」の時に、秀次が下総河東之郷にいる時、足利学校の三要《さんよう》が拝謁して、三要もろとも、足利学校を京都へ移しました。三要は喜んで秀次に従っているように思われます。京都に移ったところは、伏見の円光寺と考えますが、この円光寺はその時初めて建てられたのではなくて、三要は足利学校に学んで後、学校の庠主（校長）になるまで、少なくとも伏見の円光寺に関係していたのだと推測します。それは五山版の『左伝』に「右春秋左氏伝之占（点カ）者円光寺学校為就安老翁令補益者也、天正三年（一五七五）林鐘九日三要翁（「學」朱印）」の識語が見えるからです（拙著『増訂足利学校の研究』参照）。しかし三要が天正三年に円光寺と称するのは早過ぎると考えて、この識語の意を解釈するのに苦しみましたが、今日になってみますと、円光寺が天正三年に既にあったと解すればよいと思います。これが『豊臣記』（甫庵著『大閤記』）に見える伏見学問所ともかかわりがあるのかと推測します。

鎌倉の古寺院では、「小田原征伐」の時、諸将が鎌倉にあった墨跡類は皆持って行ってしまったため、ほとんど残っていないと言い伝えている由ですが、それには秀次が最っ先であったと思います。そして秀次の後《うしろ》には秀吉が控えていたに違いありません。秀次は秀吉の威を借り旨を受けてやったことでしょう。円覚寺に南北朝頃の書写かという『円覚寺所蔵書画目録』があって、複製されておりますが、それに載っているものが皆ないのは、分捕りに遭ったためだと言っているわけです。あるいは明治維新以後、売ったものもあるだろうと思います。

その際、秀次が鎌倉で最も目を付けたのは、金沢文庫に相違ありません。足利学校の書物を全部摂取したように、称名寺に残っていた蔵書全部（宋版一切経をも含めて）持ち去ったと考えられます。私はこれまで目ぼしい物を抜いて摂取したと考えておりましたが、最近になって全部攫って行ったと思うようになりました。これについては後にまた詳しく論じたいと思います。

秀次は、文禄元年（一五九二・二十五歳）には有名な「風信帖」の中の一通を切り取っています。そのことは現在の「風信帖」の巻末に記されております。その切り取った分は現存不明ですが、これは大阪城にあって焼亡したか何かでしょう。また、前田利家の夫人（芳春院）所持の「桂万葉」の端と奥書とを乞い受けて切り取っております。かように古筆の最優秀品をしきりに蒐集しているわけですが、そのことに当たらせる目の利いた者を召し抱えて、それに「古筆」の姓を与えました。その古筆なる者は秀次の滅亡後、家康に仕え、幕府時代を通じて古筆鑑定の仕事をして、手鑑の製造など模写等を巧妙にやって、随分悪徳をほしいままにした話が色々残っております。古筆琴山などというたぐいの代々の極め札もたくさんに見受けます。

石田三成も秀次には大いに協力したと思われます。醍醐寺の聖宝の起請文の後半五行を切り取っております。秀次の営みは秀吉の営みと言ってもよかったのでしょうから、三成が骨を折るのは当然で、秀次が秀吉から疎まれるようになるまでは、大切な主君です。三成がこの方面にも力を入れて、古筆などの仕込みをして、それを「佐和山物」と称したと私は鹿島則泰翁から聞きましたが、関ケ原の戦（一六〇〇年）の直後、佐和山の三成の本拠は全部焼亡してしまいましたから、どこかに証拠が残っていればと思いますけれど、古筆家などには秀次のことなどの資料が残存している可能性がありますが、私はまだ追究を果たしません。

文禄二年（一五九三）には「朝鮮の役」の和議が成って、帰国の諸将は多くの文物を将来し、朝鮮本がたくさん輸入されました。浮田（宇喜多）秀家が夫人の難病を治療して貰った礼に養安院（初代曲直瀬道三）から朝鮮本を持ち帰ることを頼まれて、幾艘にも積んで帰ったと江戸時代の随筆などにも書かれていますが、非常にたくさんの本を持ち帰って養安院に附与したことは確かであります。養安院蔵書の印のある朝鮮本は、明治維新後売却されて、諸庫に多く収蔵されているのを見ても、大変な内容のものであります。「文禄の役」（一五九二～九三）以前に朝鮮本が日本に渡って来たものは非常に少なくて、確実に文禄の役以前に渡来した確証のある遺品は、私の確かめたところでは、台湾の故宮博物館に残っている楊守敬がわが国から買って帰ったものの中に一部見受ける程度です。その曲直瀬道三（初代養安院）も秀次と大いにかかわりがあります。道三の『医学天正記』（患者の診察治療記録）を見ますと、秀次も度々手当てを受けております。それによれば、文禄二年（一五九三）にも秀次は伊豆の熱海に湯治して、道三の手にかかっている動静なども知ることができます。道三の養嗣延寿院玄朔は秀次の有力な側近の一人でした。

初代道三は名医の誉高く、戦国の諸将に重用されましたが、毛利元就の陣中にも招かれていて、永禄九年（一五六六）と天正九年（一五八一）とにその陣中で執筆した奥書のある医書（二冊）を内野皎亭《こう》《てい》さんが持っていました。それは田中光顕《みつあき》伯から贈与された十七部の典籍の中で、内野さんが得意の蔵書の一つでした。奥書を暗記しておられて、たびたび滔々と言われるのを聞かされましたけれど、それは私の見るところ、道三の自筆ではなく、おそらく室町末期に門流が移写したものです。しかし、田中伯も自筆と見て手許に最後まで残されていたものでしょう。道三の自筆本は非常に稀で、いくつも伝わっている道三奥書の本は皆他筆です。

曲直瀬今大路家に、最後まで残った古文書系譜書状類を藤浪剛一博士が引き取られ、昭和十五年十一月にその目録を古文書専門家に依頼して編刊されましたが、初代道三の自筆も数はありましたが、内容のある目ぼしいものは余り見当たらず、しかも折角の目録も出来がよくないようで残念でした。

初代道三自筆の医書で想い起こすのは、松井簡治先生のお話です。麴町の磯部屋――後に細川書店、この店へは、私は大正の初年麴町小学校の生徒で、少年雑誌などを買ったり、立川文庫の立ち読みに行ったり、始終、立ち寄りました。今もその跡に小さな書店が残っています――に珍しい古書がよく出て、ある時、一渓道三の医書一抱えが出たというので駈け付けたら、途中で萩野由之博士に出会うと、とかく口を濁しておられたが、結局は道三を狙っていて、店で落ち合いましたが、値段が高すぎるか何かで買われなかったそうです。あれはどこへ行ったか惜しいことをした。君はどこかで見かけないかと尋ねられましたが、私は見たことがありませんでした。

ところが昭和九年頃と思いますが、文行堂書店へ立ち寄りましたら、五冊で一抱えくらいの厚い古写本を私に見せて、これを林若樹さんが安田さんへと言うので持って伺いましたが、お戻しになりましたと言います。見ると、表紙には古い薬袋紙が使ってあって、書写年時はありませんが、疑いもない一渓道三の自筆で、晩年の筆と思われました。私は松井先生が言われた本はこれだと直感し、これは大変なものだから、私からお願いして安田さんに買っていただくから、預かって帰りたいと話をつけて、安田さんにこれこれとお願いして取っておいていただきました。その時五百円であったと思います。そしたら林さんが大変喜ばれて、川瀬さんにお礼をしなければと言われるので、文行堂が「川瀬さんはお礼などは決してお取りになりませんから、その代わりお持ちの御本を見せてお上げになったらよろしいでしょう」と言ってくれました。その直ぐ後で三村竹清《みむらちくせい》さんの口ききもあって、林さんをお訪ねして色々の話を伺いました。また何かと質問もされましたが、またいらっしゃいとのことで、それを三村さんに報告したら、「あのむつかしい林君に合格しましたね」と笑われました。

秀次は、和歌は得意であったとみえて、文禄二年（一五九三）の吉野花見の際の詠歌も、その時の懐紙三軸が伊達家に伝わっていて、秀次は筆跡もすぐれております（昭和五年影印、中巻末に政宗の詠あり）。

文禄二年二月廿九日和歌会
　春貝詠五首和歌　　関白秀次
　　はなのねがひ
いつかはと思ひ入にし」みよし野のよしの、花を」
けふこそは見れ」はなをちらさぬかぜ
かたわけてなびく柳も」さきいづる花にいとはぬ」
　春の朝風」たきのうへのはな
みるが間にまきのしづえも」しづみけりよしの、滝の」
　花のあらしに」かみのまへのはな

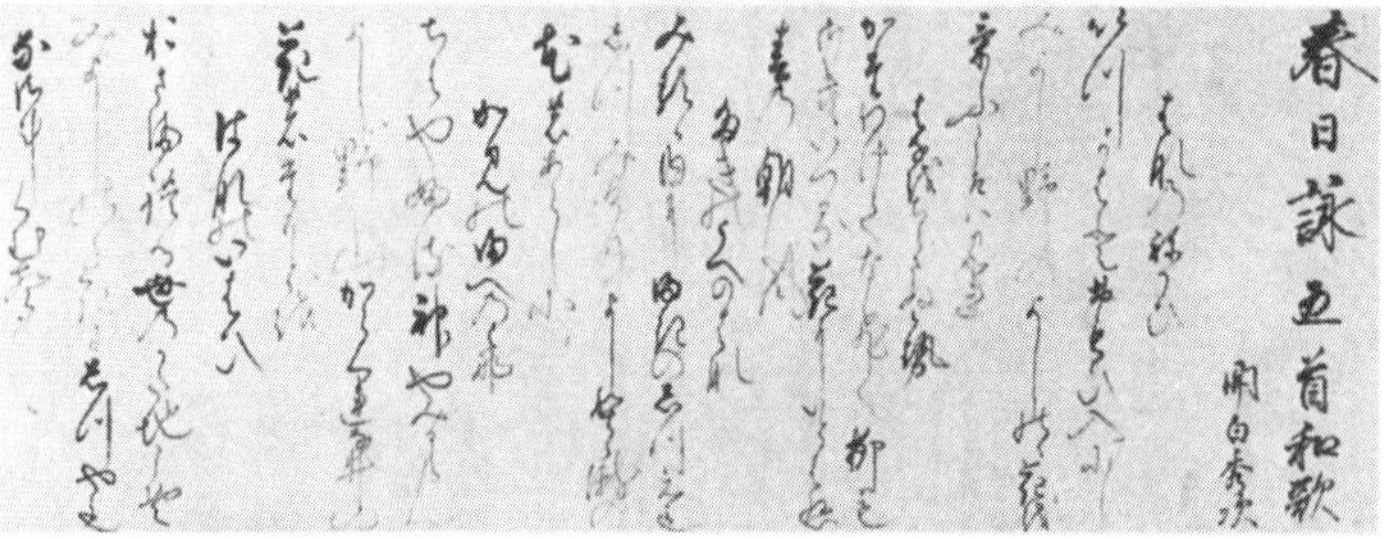

図13　豊臣秀次和歌懐紙

ちはやぶる神やみるらん」よし野山からくれなゐの」
　花のたもとを」はなのいはひ
おさまれる世のかたちこそ」みよしのゝ花にしづやも」
　なさけくむ声

秀次の高野山での最後の有様は、甫庵の『太閤記』にも記されておりますが、それを補うものに、古賀侗庵の『横槊余韻藁』一冊——これは武将の詩を集めたものですが——の中に秀次の最後を次の如く述べております。

入道殿（秀次）は両眼をふさぎて観念して、本来無東西何処有南北と観じて後、篠部《しのべ》淡路守《あわじのかみ》を召されて、汝今度跡を慕ひこれまで参りたる志、生々世々まで亡じ難き忠ぞかし。さてもの事に我が介錯してたばせよと仰せける。

そして、『享保通鑑』には秀次辞世の詩として「天下騒文禄四、失関白剰成囚、松風有恨野山寺、命集易零蘿月秋」を載せております。

朝鮮本を持ち帰ったのは独り浮田秀家には限りません、秀家が養安院の関係で著名になっていますが、安国寺恵瓊《えけい》などもたくさんに持って帰った一人で、それは徳川家康が没収しました。家康の駿河御文庫中の相当数をそれらが占めております。「駿河御譲本」でそれが確かめられます。朝鮮の関係は諸事皆加藤清正に結び付けて伝称されていますけれど、実際には小西行長等の文人派の諸将が多く持ち帰ったと考えられます。毛利・島津なども持ち帰っております。石田三成は高麗版の一切経を高野山に寄進しております。これもあるいは文禄の将来品かと思います。

私は秀次もその中の最善本を手に入れているのではないかと想像しております。例の北宋版数種が残存している「高麗国十四葉辛巳歳蔵書大宋建中靖国元年大遼元年」「経筵」の朱印が捺されているもので、『姓解《せいかい》』『通典』『中説』『御注孝経』『重広会史』『説文正字《せつもんせいじ》』等が知られています。『説文正字』一冊（成簣堂文庫蔵）には「養安院蔵書」の印がありますから、この一類は浮田秀家の将来本の中と認むべきですが、ほかの北宋版数部は、秀家から秀次の手に渡ったものではないかと思うのです。秀次の亡後、諸方へ散じたのではなかろうかと推測されます。

秀次は最晩年、文禄四年（一五九五）の三月から六月にかけて謡抄の編纂を行い、五月九日には一部分印刷もできております。この謡抄なる能謡の注釈を行ったという事実は、当時の武将の教養的な事業として非常に意味のあるものと考えます。すぐ続いて江戸幕府の時代になって、申楽能が武家の式楽に定められた点から見ても、この謡抄編纂の事業に着眼したことはすぐれた見識と申さねばなりません。

この謡抄編纂のことは『言経卿記《ときつねきょうき》』の詳しい記載で判明したのですが、編纂関係者は公家衆・五山衆多数を集めて、鳥飼道断《とりがいどうせつ》が奉行で大々的に行われました。里村紹巴も関与しております。紹巴は秀次滅亡の後、謀反に与った側近者として処罰せられる遠流の人々に、延寿院玄朔・法眼荒木安去等とともに加えられていて、後に赦免となりましたが、ほかの者は切腹を命ぜられております。この秀次の謀反というのが問題であると思いますので、私はもっと真相を突き止めたい思いにかられています。

謡抄の注釈に関与した学僧は、『言経卿記』によると、相国寺鹿苑院保長老・同兌長老・朝長老・東福寺哲長老・澄西堂・建仁寺雄長老・稽西《けいせい》堂・南禅寺三長老・知恩寺長老・日蓮党久遠院本音坊・要法寺世雄坊等で、五山の学僧はじめ総動員で、関白の意気込みと威力が察せられます。そして、謡抄がどうやらまとまった翌月（七月）の十五日には高野山で自刃しているわけです。

前に述べましたように『太閤記』巻二十一に、伏見に学問所が設けられていたことが記してあり、秀吉没前の慶長三年（一五九八）孟春の承兌の伏見学問所の記が載っております。学問所には庭園があり、茶会などを催したと見えます。その上、それと併せて、「秀次公命二五岳耆英一聯句之詩」を掲げ、三十名ほどの作を列記してあります。学問所における秀次の催しと見られます。謡抄の編纂に学僧を動員したのと対比されます。

右の謡抄ができ上がった時、その一部が「刻成る」と『言経卿記』にあったのを、私は『古活字版之研究』をまとめていた最中に知ったので、それを一応吟味したのですが、その時、すぐに出版したとすると、活字印刷を利用したのではないかと気が付き、古活字版の謡抄の中で、一番最初に出たと推せられる一本をそれに擬して考えました。その謡抄は片仮名書きの部分と平仮名書きの部分とが交じっていて、私は片仮名書きの分は五山僧が担当した故の表記、平仮名書きの分は公家衆の担当なるがためと考えました――『古活字版之研究』にはそう書いてあります。しかし、その時もっと突っ込んで探究すればよかったと今になって後悔しておりますが、私は、ただ何となく仮名交り活字印刷は早過ぎると思ったのです。そのため、その後に鳥飼道晰が出版している車屋本金春流の謡本などが発見されて、それが活字と整版と両方ありますが、その活字の方は、『徒然草』や『源氏物語』の最古版の古活字版とも関連があると考えられますので、『古活字版之研究』の増補本にはそれに触れておきましたが、秀次の開版のことはなお考えが届かず追究に及ばずにおりました。私が一番古いと思う『謡抄』の古活字版は、『古活字版之研究』(五六六頁)に守清刊本(百二番十冊)として著録した分で、その後同類本も三種見付かり、また、関連の車屋本謡本等についても追加増訂して考えるところがありましたが(同補訂篇)、なお研究し直そうと思っているところです。

ところで、私は秀次が謡抄の編纂を命じた際、それに携わった公家・五山の衆等は、秀次の手許にあった和漢の典籍を参考資料として借用していたと推測します。それを返却するいとまもなく秀次は滅亡してしまいましたから、それらは各自借用者の手許に残っていたと思われます。それらの人々から後に金沢文庫本が家康に献上されていることでよくわかります（後述）。

これらに限らず、秀次は側近の侍臣等にも寛容に典籍を貸与というか、自由に使用させていたと考えられます。医家の多紀氏は、後に徳川幕府に仕えますが、金沢文庫本の宋版『太平御覧《たいへいぎょらん》』『図証本草』や、平安末期保元鈔本の『香要抄』『香薬抄』『穀類抄』等を所持していました。これも秀次の蒐集の一部と推察されます。

秀次はおそらく実質的に他に比類ない日本一の和漢書（古筆を中心とする）の蒐集家と言い得ると思います。金沢文庫を全部、足利学校を全部、大阪城にあった古筆・古画——尾張徳川家に入った大阪城の分捕り品だけでも大変なものです。それは上述の大阪城攻めの諸将の分捕り品と推定されるものをも加えて——と数え上げるまでもありません。私は後に家康の命で金沢文庫に返却させたものの中には、どうも秀次がどこかから集めた古書類の尤品が、金沢文庫本に混入して金沢文庫へ戻っているのではないかと思うのです。唐写本や平安朝の古筆の『文選集注』類など、いわば古美術的なものは、金沢北条氏は蒐

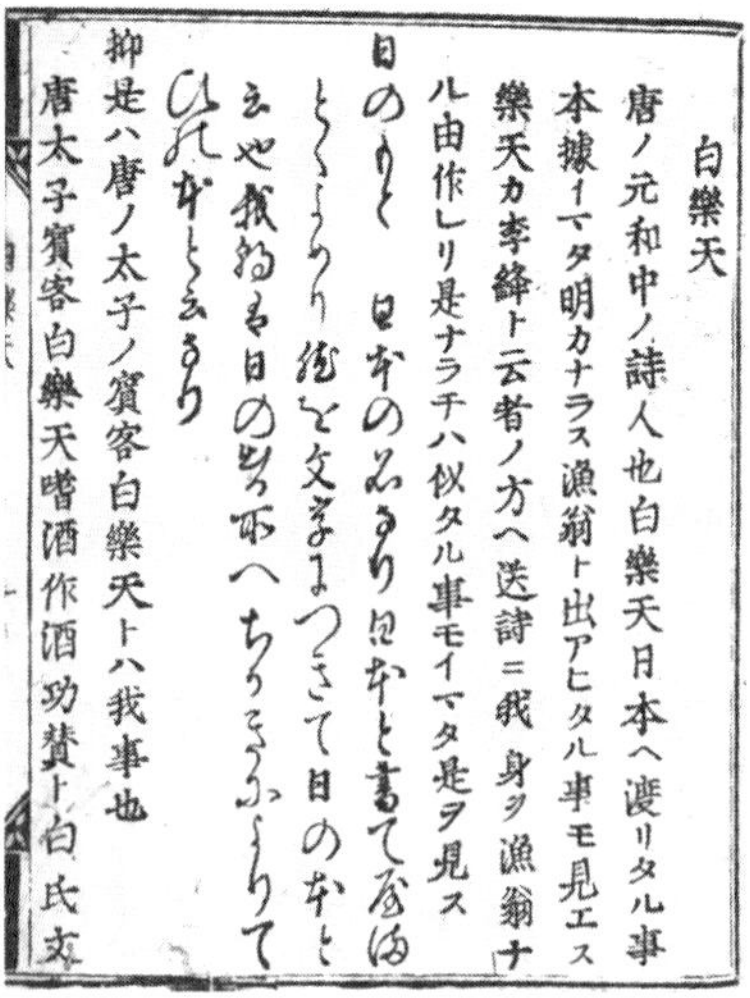
白樂天
唐ノ元和中ノ詩人也白樂天日本ヘ渡リタル事
本據イマタ明カナラス漁翁ト出アヒタル事モ見エス
樂天カ李絳ト云者ノ方ヘ送詩ニ我身ヲ漁翁ナ
ル由作レリ是ナラテハ似タル事モイマタ是ヲ見ス
抑是ハ唐ノ太子ノ賓客白樂天トハ我事也
唐太子賓客白樂天嗜酒作酒功賛ト白氏文

図14　古活字版『謡抄』

集しないのではないかと思います。これは一つの大きな問題であります。

　徳川家康は豊臣秀吉とは出生も育ちも違い、ことに幼少から文化大名の今川氏の人質になっていたので、教養を受けておりますが、しかし、本気になって天下人としての心掛けを自覚して準備するようになったのは、秀吉の没後と思います。もっとも文禄二年（一五九三）に藤原惺窩《せいか》から講義を聞いたと言われていますが、伏見版の印行を三要に命じ、三要・承兌《しょうだ》に跋文を書かせているのも、慶長四年（一五九九）からで、慶長四年というのは、その前からの準備もあると考えてみても、秀吉がいなくなってからということになると思います。

　家康の和漢書蒐集のことは後に述べるとして、慶長二年（一五九七）の九・十月頃に足利学校・金沢文庫の書籍を元へ返却させております。これは秀次が家康の領有地で、本拠地とした地方から摂取して行ったのですから、自分の勢力範囲になれば取り戻そうとするのは当然でありましょう。

　慶長二年の九・十月頃に返却させたと私が推測する理由は、承兌の『鹿苑日録《ろくおんにちろく》』に、その頃、金沢文庫本の『群書治要』『太平御覧』『史記抄』等を城織部介との間に受け渡しを行っている記録が出ている故です。その城織部介は、月斎とともに足利学校の書籍返却を取り扱った由が、林羅山の『日光紀行』（承応二年・一六五三）の中に、学校庠主の睦子の談として出ているのによって承知し、私は『足利学校の研究』に、なお城織部介と月斎とが学校のために尽力している事実をも併せて言及しましたが、最近に成簣堂文庫蔵の一文集（江戸初期写）の中に、寛永十三年（一六三六）に堀杏庵《きょうあん》が足利学校訪問の際、睦子にそのことを聞いたと記載されている文を見出しました。

また、これに関して、城織部介・月斎の返却の仕事を、その上に立って載量したのは、榊原康政であったと気付きました。康政は家康から命を受けたに相違ありませんが、これは滅びた秀次の後始末とはいえ、豊臣家に関することですから、家康もしっかりした重臣に命じたものと思われます。私がなぜ康政が事に当たったと推測するかというと、私が昭和極初期に足利学校の研究を行った時に、榊原家の文書の中に、足利学校の最も大切な文書二通——上杉憲実の永享十一年（一四三九）の書籍寄進文書（文安三年・一四四六）の校規があるのが疑問でした。そしてその疑問は『足利学校の研究』の増訂版を出す際にもまだ思い及ばなかったのですが、最近、改めて金沢文庫本の問題を考えて、榊原家に金沢文庫本の、しかも料紙などが美しい素人目によい『土御門内大臣通親日記《つちみかどないだいじんみちちか》』と『北山行幸和歌』の二軸が残っていて——それは後に売却されましたが、榊原家では康政が「小田原征伐」の時、城中へ使いに行って北条氏から貰ったものだと伝えているとのことでした。康政は、小田原城を請け取りに行く役の人々の中に末席として連なっていますけれど、落城後の請け取りの際にそのような物を贈られるかどうか疑わしく、私は足利学校の憲実の文書とを結び付けて考えると、康政が返却監督の役得として双方から目ぼしいものを摂取したものと思います。

これは、昭和の初めに私が足利学校の研究をしたり、「駿河御譲本」の研究をやったりした時には、家康が秀次の摂取した本を全部返却させたのは、足利学校だけのことで、家康が慶長七年（一六〇二）

に江戸城内富士見亭に金沢文庫を移した――近藤守重が慶長年録等を参照しての調査――というのも、家康が金沢称名寺に残っていた文庫本を一部分摂取した程度のことと解していて、ただ今の考えのように総合的に思いが及びませんでした。

秀次の滅亡後、その蒐蔵の優品は秀吉のもと（大阪城）へ行ったものと思われますが、家康が返却させた金沢文庫本はどこに保管されてあったのか、――足利学校本は三要とともに円光寺にあったと思いますけれども――相当の分量に達していたに相違ない金沢文庫本はどこにあったものかわかりません。あるいは秀次在世の時は、古筆姓をいただいた古筆家の先祖が役目柄与っていたものと推測します。秀次の最後の混雑の紛れから、その後の管理は、はなはだ不十分であったでしょうから、その間の隠匿、紛失等は想像に余りあり、その中で、前述のように、謡抄編纂の資料に借り出して猫婆を決め込んだものが一番多かったに違いありません。それは公家衆や五山僧等が後で吐き出して家康に献上したものや、身延山などに残存したものなどを見てもわかります。

それについて私は、直江山城守兼続《なおえやましろのかみかねつぐ》が集めた米沢蔵書中の宋版その他、いわゆる丹《たん》表紙が付いているものは、秀次蒐集品の中から出ているのではないかとの推測を抱くのです。それは、それら宋版の丹表紙に南化和尚（快川の弟子）が外題を墨書しているものがあるからです。――南化和尚は秀次側近の甫庵にも『大成論』（文禄五・一五九六年刊）の跋文を作文してやっております。南化和尚は秀次の謡抄編纂に参加した一人で、米沢蔵書の丹表紙は、米沢蔵書の一特色かと見られていたほどのものでした。そうするとあるいはまた、もしかしたら丹表紙は、秀次の所用かもしれません。それを真似たものが、ほかに少しあるのでしょう。あるいはまた、要法寺世雄房（円智）も秀次の『謡抄』参加者ですから、金沢文庫本を借りていて、兼続にも贈ったかもしれないという気もしますし、少なくとも直江のために和漢書を集める助力はしていると思います。慶長十二年（一六〇七）には直江版の『文選』も出版しておりますし、その底本に宋版を用いる便宜も持っていたわけです。直江は半島出兵に彼の地へ出陣し、陣中に涸轍《こてつ》禅匠を伴っており、涸轍は足利学校出身で円智とともに学んだ仲間で、慶長初年に多くの活字出版も行っています。ことに朝鮮の活字と相似の活字を使用している一人ですが、米沢蔵書の中には不思議に朝鮮本は見当たりません。

直江の若い時に、兵法軍政書のたぐいを手写したものは上杉家に残っていますが、和漢書の蒐集は関ケ原の戦（一六〇〇年）の後と思われます。五山版や室町写本の優品が色々あり、古活字版も少なくありませんし、蔵書の内容には彩りがあります。家康の駿河御文庫と匹敵するものと言えましょう。

直江の文事に関しては、慶長六年（一六〇一）、関ケ原の戦の後に和漢連句を催した装飾料紙の懐紙の遺品が残っていて、その中には直江の漢詩が一番多くて十二句もあり、それには戦後の心遣りの一端が察せられるような句も見え、その連中の顔ぶれは米沢の地で行っていると推せられました。関ケ原の戦は石田三成と直江山城守とが仕組んで画策したともいえるほどのものですが、その戦の終った後の直江の営みが、集書や出版である点に私は非常に意味を見出すのであります。私は直江の連句

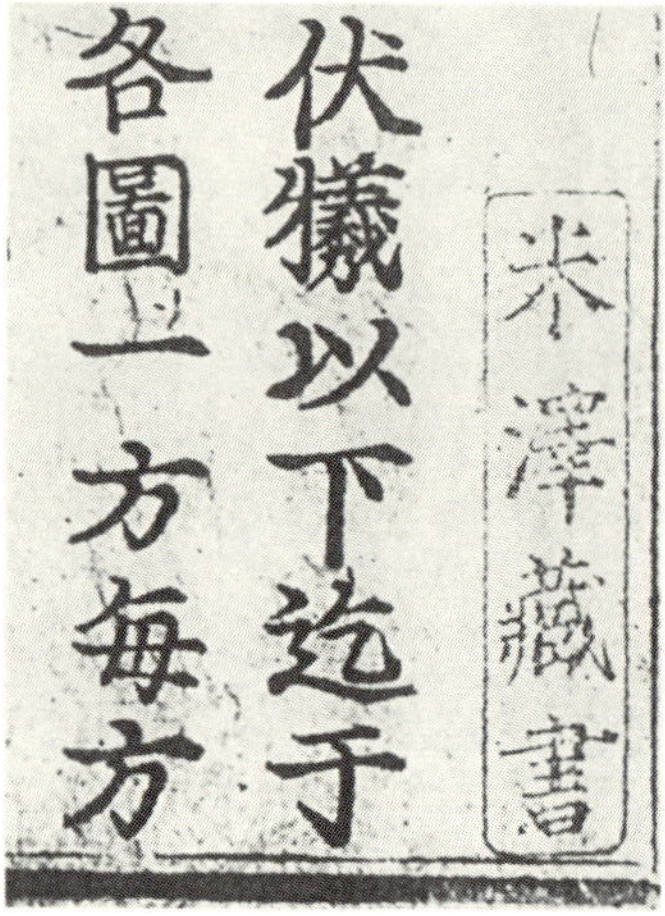

図15　直江蔵書印「米沢蔵書」

を見て、「直江山城守兼続の和漢連句」なる短い一文を草し、『書誌学』誌上に載せるつもりで用意しましたが、登載せずにしまい、その前置きだけが手箱の底に残っているのをこの頃見出しました。連句の内容文が残っておりませんのは惜しいことです。

直江の遺書は上杉家に残ったわけですが、直江の蔵書には「米沢蔵書」の朱印が捺してあります。この朱印のことは前に論文を発表してあります（「米沢蔵書」について」、『書誌学』復刊第八号所載）。直江の遺書の残部は、現在米沢市立図書館に保管されており、宋版『史記』『漢書』『後漢書』のたぐいは上杉家にありましたが、最近国が買い上げました。上述の南化和尚の外題のあるものです。直江の遺書の残部と申しましたが、昭和の初年頃まで上杉家の直江の遺書の取扱に関与していた伊佐早謙翁の手から散佚したものが多いようです。それをほとんど一手に買い出していたのは本郷の永森直次郎老人でした。安田さんが購入された「米沢蔵書」印がある丹表紙の美しい『正平版論語』の単跋本（初印本）なども永森老人の店にあったものです。

朝鮮本をたくさん持ち帰ったのは、浮田秀家に続いては安国寺恵瓊《えけい》です。恵瓊のその朝鮮本は、「関ケ原の役」後、家康が摂取して、その中のある部分は承兌にも与え、三要には二百部も附与しました。朝鮮からは朝鮮本のほかに、半島へ輸入されていた唐本も併せて将来されています。駿河御文庫にもそれが多くあったようです。その頃までの朝鮮本は、から捺《お》し文様の表紙は付けておりません。唐本仕立てと同趣の柔らかい色無しの表紙です。

家康が集めた和漢書の中の最優秀本は金沢文庫本で、秀次と違って実学主義だけの人ですから、特に古筆だからといっては集めません。その家康の手もとへ集まった金沢文庫本の大半は、家康が書物を熱心に集め始めたと知って、御機嫌取りに公家衆や五山衆が献上したものであります。『群書治要』などは後に駿河版銅活字で印行しますが、慶長二年（一五五九）に返却させる頃には、唐の太宗の治世の跡を知るべきものと侍儒に教えられて取り置いたものでしょう。

家康の集書に力を添えたのは金地《こんち》院崇伝《いんすうでん》で、公家衆や五山僧等にも大分脅かしをかけたようです。また、慶長十九年（一六一四）には公家衆に触れて国史記録を蒐集、各三部宛を謄写させ翌二十年にでき上がりました。その一部は「御譲本」の中にも残っており、今の内閣文庫にも残っています。なおその時、院御所に秀次が進上した記録があるというので写させております。

公家衆や五山僧が、家康へ献上した金沢文庫本については前に「駿河御譲本」の研究をした時に早くに調べて発表してありますが、日野唯心が『侍中群要』、菊亭晴季が律令――ただし、これは模写本を原本の如く見せかけて献上、承兌が『太平御覧』、相国寺良西堂が『春秋経伝集解』『斉民要術』、伊豆山般若院が『続日本紀』というたぐいです。

秀次のところへ一寸戻りますが、秀次に摂取されて、その手もとにあった際、ないしは家康に返却させられる頃に、「金澤文庫」印が新しく捺印されたものがあって、それが金沢文庫印の偽印とも言われるものであると思います。それらの印記は、慶長頃に模印を新しく作って捺したものと推測されますが、室町時代の印記を捺してある本にも追加して捺印しているものもあり、また、新しい模印だけを捺したものもあります。それには、私は古筆家が関与していると思います。その上、またそれとは別に後の機会にどこかで捺されたものもある始末で、一層混雑を来しております。その仕分けはなかなか困難な厄介な問題です。

金沢文庫称名寺に残存している宋版一切経の一帖に偽印といわれているものが捺してあるのですが、それと同種の印を捺してあるのは偽印ではないと関氏は主張していました。秀次が全部摂取したと考えると、称名寺へ戻る間に捺されたとみれば、模印はほかのものにも捺してあるので、ある種の解決はするのですが、どうもそれらの模印が、江戸時代以後明治になっても使われている如くなので、それをどこで何者が使用したのかも問題です。なおまた、秀次とは全く無関係に後に古書肆などがやっているのもあります。それはもちろん江戸時代以後のことですが、それらもすべて改めて吟味をし直す必要があります。

4　徳川家康の蒐集（駿河御文庫）　附　徳川義直（尾張敬公）の蒐書

以上の中で、関連的に家康の蒐集に言及した点が種々ありましたが、ここに家康の駿河御文庫について特にお話しいたしたいと思います。

前にも申したように、家康は秀吉の生存中は、書籍を集め出版することも積極的には行ってはいないようで、秀次が滅亡してその蒐集した善本の中、足利学校と金沢文庫とは自分の領地内の由緒あるものですから、返却させることも当然と考えてはばからずに実行したと判断できますが、秀次が残したものには手を出すわけもなく、その意志も無かったと思います。

足利学校と金沢文庫の蔵書を返却させたのは、上述の如く承兌の『鹿苑日録』の記事や三要の徴用などから慶長二年（一五九七）頃と推測されますが、その際金沢文庫本の中から摂取したものがあるとすれば、『群書治要』でありましょう。『貞観政要』をも欲したかもしれませんが、その金沢文庫本は秀次の最後のどさくさの時に行方をくらましてしまったものと思われます。それは金沢文庫本の『貞観政要』が各巻ばらばらで江戸時代以後市場から現れ出るからであります。伏見版木活字版として出した『六韜三略《りくとうさんりやく》』等の底本に好ましい金沢文庫本（古写本）も『貞観政要』と同じく家康の手には渡っていません。金沢文庫本の七書の分れも『貞観政要』と同じく後に随時現れ出ております。近藤守重が、慶長七年（一六〇二）に江戸城内富士見亭に金沢文庫を移すと言っているのは、家康の手もとにあった和漢書の最善本は金沢文庫本であったに相違ありませんから、それは蔵書中の優品のある物を江戸城内の文庫に納めたことを意味するかと思います。

家康が慶長年間（一五九六〜一六一五）に熱心に蒐集し、没後に主として尾州・紀州（分譲の際は紀州家はなお駿府）・水戸の御三家へ分譲した駿河御文庫の蔵書総数は約一千部くらいであったと思います。

「駿河御譲本」については昭和初年に詳しい研究を『書誌学』に専号として公表しましたから、詳しくはそれに譲りますが、金沢文庫本の関係などが変わって来ましたから、それらを兼ねてお話いたします。

駿河御文庫の内容を推し量るのに最も有力な資料は、尾州家に残存している「駿河御譲本」です。代々の御書物奉行が「御譲本」を第一にして尊重し、保管整理に気を配っております。ただ惜しいことには、明治維新の際、一部分を払っていて、少し散佚していますが、その中に善本もかなり含んでいるので、払った理由がわかりません。それと仏書を菩提寺の定光寺にやったり取り戻したりしているのが、若干散佚しています。しかし全体としては、大名家の書籍としてはよく残っている方であります。

私の若い頃まで、家康の駿河御文庫の本には「御本」の印が捺してあるとされておりました。ところが私が段々調べているうちに、家康が死んだ後の出版書に「御本」の印記のあるものを複数見付けましたので疑問に思い、駿河御文庫本を調べるついでに確かめたいと考えていました。幸いに尾州家へ河内本『源氏物語』の校合に行っておりましたのが縁で、徳川義親侯が尾州家の古文化財を尾張黎明会という財団法人組織にして、美術館は名古屋に留め、蓬左文庫(和漢書)は東京の目白の私邸内に移して保存活用することとなり、東京に文庫の建物を新築し、そこへ蓬左文庫を移動収容するため、私が頼まれて名古屋へ出張することになりました。

その目白の文庫の建物は、西洋のデータ丸呑みの技師の設計による失敗作で、若い私は散々技師と議論しましたが、私は日本における収蔵庫設計に自信を固めることができて有益でした。そのことは別に書いたことがあります(『続日本書誌学之研究』)からここに再言しませんが、名古屋に行って調べたのは、私が文理科大学の国語国文研究室の助手の職を無理に辞めさせられた直後、昭和九年の六月でした。蓬左文庫に勤め始めて間もない頃の福井保君も同行されて、大変助力を受けました——その時のことは『書誌学』に「中京遊記」の一文を草してあり、『読書観籍日録』(昭和五十七年、青裳堂刊)にも再録してあります。義親侯は「蓬左文庫は学術研究のために東京へ移すことにしたが、名古屋の人は全部持って行かずに一部分は残してくれと希望するから、止むなく一部残すことにするが、役に立つ物は全部東京へ持って行くように仕分けして下さい」とのことで、私は、その時の徳川別邸

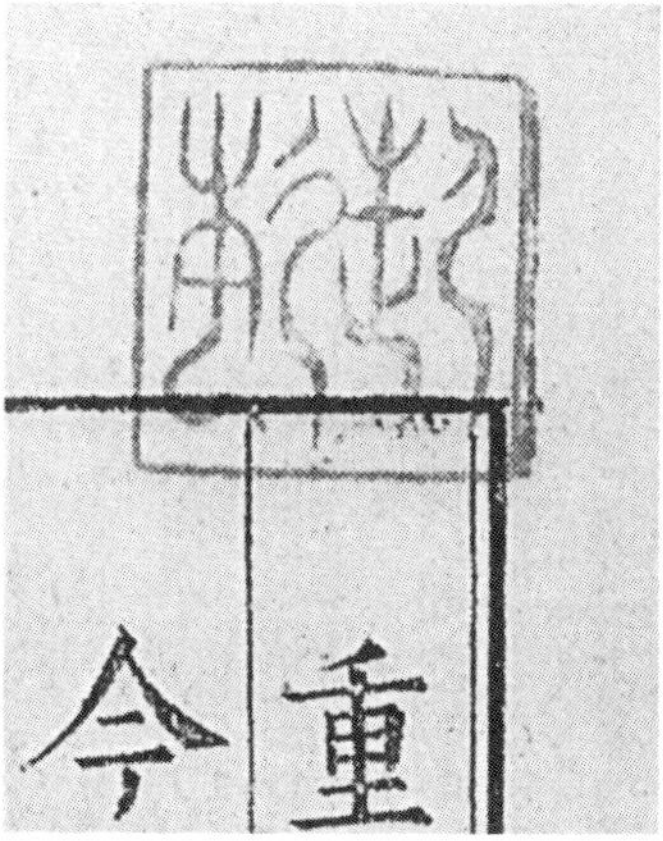

図16　駿河御譲本「御本」印

内の三棟の蔵の上下各階の書架を、隈なく一冊一冊手に取って点検しました。

書架の第一号は「駿河御譲本」で、朝鮮本が、向こうから持って帰った杉に墨塗りをした木箱に入ったままに保存されているのに、まず目を見張りました。「御譲本」の次は敬公（義直）が集めた書物の順で、以下代々に増加した分という風に非常に秩序が立っていて、幾度か御書物奉行が調査編修した書目もすべて整って残っておりました。けれども後の目録ばかりで、最初の目録がありませんので、はっきりどれまでが「御譲本」で、また、敬公が集められたものがどこまでだという区別が正確に見定められません。仕方がないから、書架の順に全部を調べましたが、最初の部分には皆「御本」の印が捺してあります。その「御本」の印には三種あることがわかり、その時、私どもが甲・乙・丙と三種に分けた、丙種は極めてわずかの捺印で、大部分は甲・乙両種が捺してあり、調査した本の具合から、この印は敬公の所用印と推定されました。おそらく「御本」と称したのは家康からの「御譲本」を尊重してのことからではあるまいかと思われましたが、まず「御譲本」に捺し、次いで敬公の集書にも捺し及んだものと考えられます。二、三日経って、宝物庫の中に「御本」の印が一種残っていることが判明し、それは私どもが乙種と命名した分で陶印でした。この印の出現は「御本」印が敬公の所用という事実を決定的にしました。

けれども、「御譲本」の目録の原簿もその写しも見当たらず、確定的なことは明らかになりません。駿河御譲りの御道具の目録は大部な原簿が残っており、それは『大日本史料』にも登載済みでよくわかっているのに、書物の「御譲本」の目録がないということは、私にはどうしても合点がゆきません。必ずあるはずだと思って庫の隅から隅まで探しても見当たりません。最後にもしやと念のため、中倉の階段下に一間四方ほどの大きな紙屑箱があったのをかき交ぜて見ました。すると古い目録の紙片がくちゃくちゃにして捨てられているではありませんか。拾い出して皺を延ばして見ると、正しく「御譲本」の目録の一部です。その上筆跡書風は元和頃の筆に違いありません。それに力を得て、全部の紙屑を探索して、幸いにページ合わせの検印が捺してあるのをたよりに丁数を揃えると、全部三冊がすっかり整いました。表紙まで拾い上げました。

これはごく最近、今度の私共の調査が始まる直前に紙屑にしたに相違ありませんが、それにしてもなぜ、一番大事な目録をこういうことにしたのか、その理由がわかりません。「御譲本」など調べられて無くなった本が多かったら責任になるとでも勘違いしたせいかもしれません。しかし、ともかく原簿が見付かったから何よりで、咎めても仕方がないから私は笑って済ませましたが、名古屋の家令一同がずらりと並んで私の前に手をついて、文字通り平身低頭「どうかこれだけは侯爵には御内分

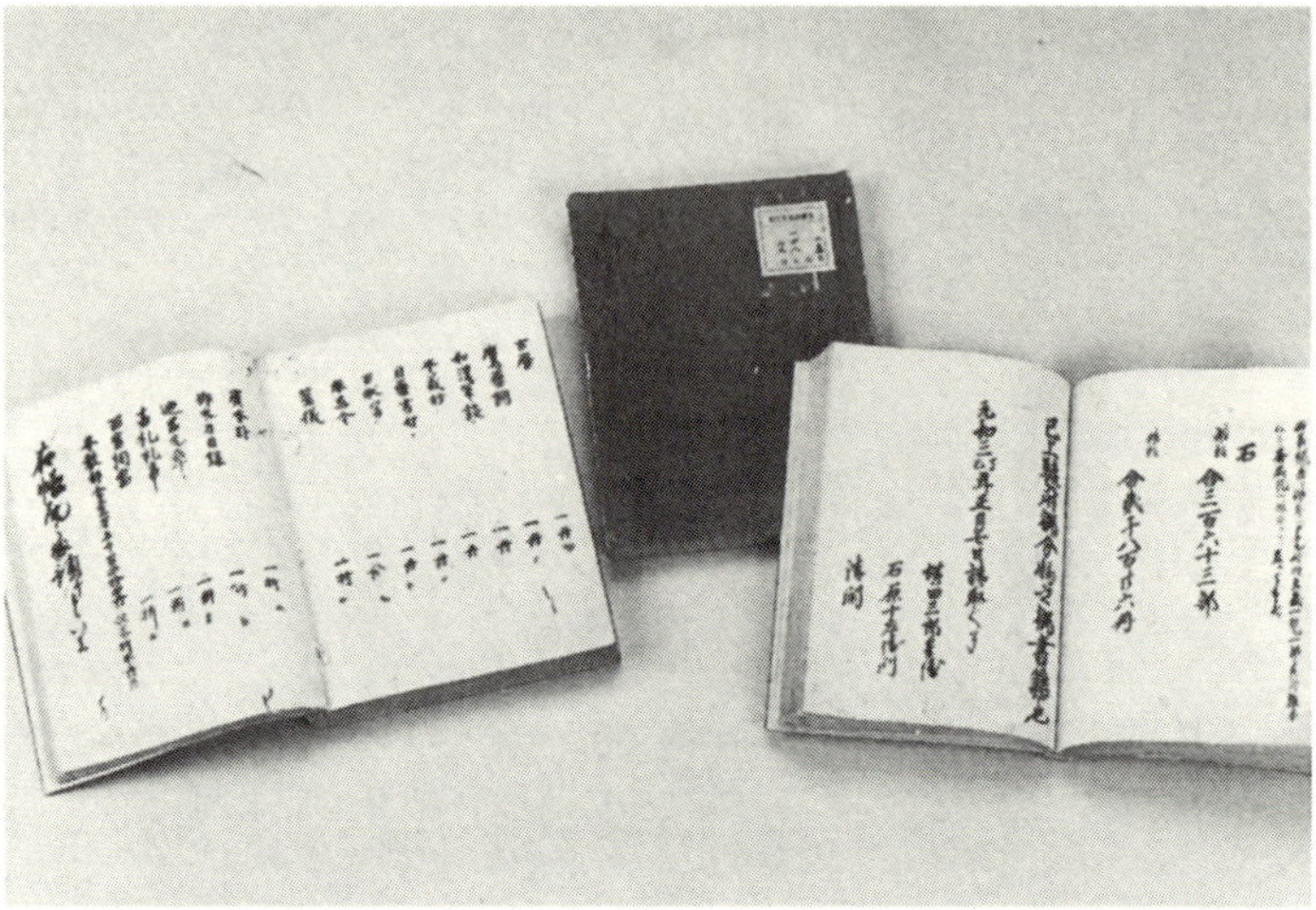

図17　御譲本目録

に」と詫びますから、私は侯爵には原簿が見付かったとだけ報告し、『書誌学』の「中京遊記」にも発見の経緯は伏せておきました。けれど実際は容易に見付かったわけではなく、私の追究が及ばなかったら、永久に正体不明になるところでした。全く危機一発でした。ただ「御譲本」の原簿、それに続く敬公の集書目録が何となしに今日残っているのではありません。こういう次第だということは、はっきり言っておいたほうがよいと思い、『読書観籍日録』をまとめて印行する際には、もう時効にもなっていることでもありますし、書き足して真実を発表しておきました。

こうして私共は、蓬左文庫の全書籍を精査して東京へ運び出す仕分けをしました。そして済んだ後に定光寺へも蔵書を調べに行き、「御譲本」が残っているかどうか確かめました。その頃の定光寺は静寂で大名の菩提所という感じがよく残っていて趣がありました。

尾州家の「御譲本」の正体を突き止めましたので、東京へ戻るとすぐ「駿河御譲本」の研究に集中し、かつまた、水戸家の「御譲本」をも確かめたいと思い、改めて水戸の徳川家に連絡を願って、尾張家の鈴木家令にも同道していただいて、彰考館の書庫内にも立ち入って調査することができました。

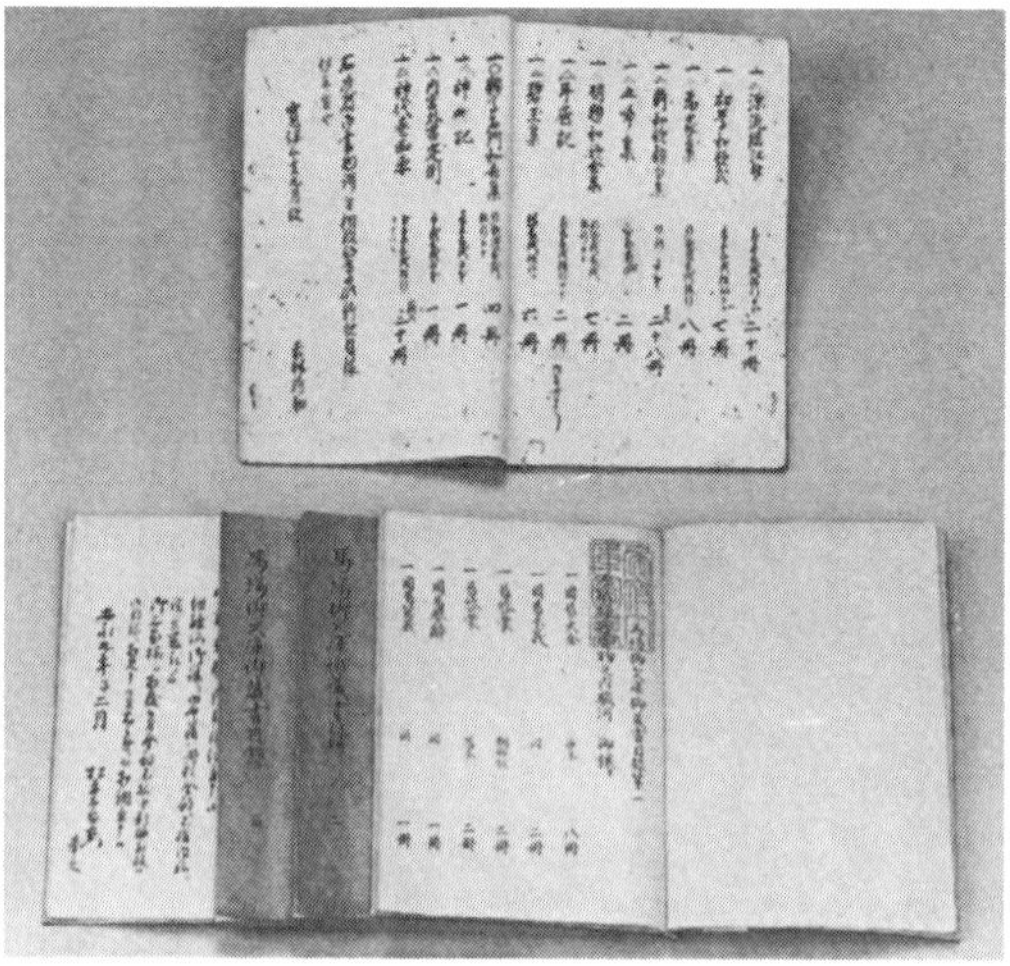
図18　敬公集書目録

当時、彰考館文庫の番人に雨谷毅という老人がいて、これが水戸学の精神の強調者で、古書の閲覧はなかなかの難関でした。私はよい按配に、成蹊学園で朗誦した「心力歌」のおかげで優遇を受け、水戸は川瀬さんの案内に限るとの評判を得て、度々先輩の方々から東道を言いつかったほどですが、庫の中を覗くことはできませんでした。それが鈴木さんのおかげで庫の中へ入って自由に調べることが許されました。

まず、水戸家で江戸時代から「駿河御譲本」として別置されている二十部――彰考館文庫の印刷目録には所収せず――を調査しましたところ、

「御譲本」に該当すると思われるものは十六部、一百七十冊でした。その中に宋刊本の『後漢書』二十四本（鹿王院旧蔵、有欠、補写）があり、この本には文字を切り抜いた跡が沢山あったので、同行した福井君と疑問に思いましたが、後にこれは慶長十年（一六〇五）円光寺において鋳字の際字母の原稿として使用した残本であるが故で、『群書治要』印行に当たり、京なる板倉へ手紙を送って、「先年円光寺鋳字の際の後漢書切本」を求めたものの使用残りであろうと気付きました――この水戸の宋版『後漢書』の切本は戦災で焼亡してしまいましたが、駿河版の鋳造活字は、直接朝鮮将来の活字には一切関係のないことを証明する有力な資料でした。

その時彰考館文庫の庫へ入り、書架の諸本を縦覧して、蓬左文庫で確かめた「御譲本」の明版・朝鮮本その他の原装の姿とそっくり同じものがいくつも目に付きました。それらは「御譲本」に相違ないと直感されました。その日は、水戸にも「御譲本」が相当残存しているということを確かめることができたことで一応は目的を達しましたので、後日ゆっくり再調の機を得ることにして切り上げました――けれども再調を果たさぬまま、全部焼失してしまいました。戦争がはげしくなって、掛りの福田耕二郎氏が、彰考館の庫から仙波沼の向かい側の水戸家の別邸の方へみずから荷車を引いて書物を運ぶ時、版本はほかにもあるし、日本の写本で冊数の少ないものだけを選り分けて車に積んで助けようと思ったと、戦後すぐに訪ねた時に語られましたが、漢籍善本その他主なものは大方庫とともに焼失してしまったのは、何とも惜しいことです。

本光国師（崇伝）の日記は、駿河御文庫の後始末のことなどもよく伝えておりますが、家康の集書についても色々の事実が判明します。崇伝は家康の威を借りて腕を振るい、また奔走したこともなかなかのものでした。家康の駿河にあった蔵書は蓬左文庫や水戸彰考館文庫のものから推すと、約一千部一万冊くらいで、しかもその半ばは明版や朝鮮本で、それらは朝鮮の役の将来品が多かったと推測されます。北条氏の金沢文庫蒐集でも、和漢書を蒐集するという営みは容易でなかったことがわかりますが、家康のような天下人でも大変骨が折れたことが察知されます。それから見ても、関白秀次は思い切ったことをしたものだと思います。

蓬左文庫は東京へ移ってから、福井君の綿密な調査で目録カードも立派に整い、行き届いた整理が完了していました。ですから後の人が変にいじくる必要など何もなかったはずです。ところが、それが、文庫は戦後直ぐ名古屋市へ移譲することになりました。何でも戦後の一大変動で、尾州家が北海道の八雲で商事会社か何かを経営されるというので、それには三千万円必要であるから、名古屋の徳川邸の土地建物と蓬左文庫とを名古屋市に買却して賄うことになったところ、名古屋市側では、文庫の評価は商売人ではいけない、学者にということで、尾州家では文庫の内容を一番よく承知している川瀬にというので、私に白羽の矢が立ちました。その時は、新しく家令になったK氏が万事取り計らっていましたが、引退しておられた元の鈴木家令までが出て来られて頼むということでしたから、私は吉野の疎開先から戻って来たばかりでしたが、昭和二十三年の一月、寒中に目白の書庫の中で一点一点書物に即して評価しました。一週間で全部終りましたが、インフレも手伝い、和漢書の古書の価格が最低の時で、戦前の価格の十倍にも達しません。名古屋の土地建物は千五百万円で市会議員諸公の眼にははっきりしているから、書物がそれと同等の評価になればという次第で、第三者から不公正だと言われない評価に私は随分苦労しました。しかし、その時も私はあの蓬左文庫が一千五百万円とは、何ともったいなく、昭和六十二年の現在から思えば、全く嘘のような話です。その時の評価目録は記念のため手もとに残してありますけれど、私が何よりも感懐に堪えなかったのは、時世の一大変転の際とはいえ、半永久的な財団法人の施設が、前に東京へ持って行くのを世話した自分の同じ手で、再びまた名古屋へ戻すために助力するようになろうとは、何たることか。私は、その時、私の日本文化史観が敗戦によって革《あらたま》っていましたので、これは致し方もない、敗戦がこういうことにもなるのだと、骨身に染みて感じさせられました。

蓬左文庫が名古屋へ移った後は、たまに閲覧の用で行ったくらいなもので、刊行物の幾分かを時に送付を受けることがありますが、書物の方は一応の整理はちゃんとできていて、特別新しく調べ直すこともなく整っていたはずですが、内容がよくわからない当事者が引き継いで取り扱うと、折角の整理してあるのも理解できず、変に遣り直しを仕事にすることになるのは惜しいことです。これは蓬左文庫に限りません。今この席に目白で整理をされた福井君も聞いておられますが、目録は印行こそしませんでしたが、大変よく整っておりましたのに残念なことです。

「駿河御譲本」のついでに、これも「御譲本の研究」の中で記述しておきましたが、尾張の敬公は十六歳、「大阪の役」の帰途、元和元年（一六一五）七月京都において『論語』『孟子』『三体詩』以下多数の書物を求めており、それ以後の集書は年代順に記録された書目――「御譲本」の原簿に続く前述の紙屑にされそこなった書目に詳しく、元和の末にはみずから蒐集したもの千二百余冊――「御譲本」約三千冊と併せて五千冊にも達し、寛永年間が最も盛んで、慶安三年（一六五〇）に江戸で薨じて、同四年に引き継ぎを行った書目の原簿（一冊）によって示される敬公の全蔵書は、一万五千百四十四冊であります。駿河文庫の盛時をも凌ぐもので、わが国の書籍出版が盛んになって来て書物が入手しやすくなったり、また、長崎から唐本の輸入が多く行われるようにもなった条件等に恵まれたとしても、江戸極初期における敬公の集書事業は極めて注目すべきもので、もちろん当時の諸侯中随一と申してもよろしいと思います。駿府における最晩年の家康の手もとで育って、文政的な方面によい影響を与えられたためであります。駿府で林道春（羅山）に学問の手ほどきを受けましたから、道春の影響も受けていると思います。日本の歴史を研究し、詳しい歴史を編纂しようと企てたのもその現れでありましょう。神代の部（神祇宝典）だけで、神武（人皇）以後に及びませんでしたので、甥の水戸光圀に後を継いでやるように希望しました。

なお、蓬左文庫の東京移送の仕事で、名古屋の徳川邸に滞在しておりました時、ついでに御道具の蔵を拝見する機会を得ましたが、見せていただきたいものはたくさんありましたけど、その頃私は古い裂《きれ》を勉強したいと思っていましたので、それを希望しましたら、そちらの庫に案内されました。高さ一間ぐらいの桐の箪笥がずらりと並んでおりましたが、さあどれからでも御覧下さいと、引き出しを開けられたので覗きますと、古渡りの裂が太い巻物のままぎっしり入っております。これも大阪城伝来の物に相違なく、秀吉が南蛮渡来の品を盛んに手に入れた物の残りと思われました。

私はその巻いた裂を、呉服屋の店先で反物を拡げて見るように幾本かを開いて見ましたが、何日かかるかもわからないくらいの分量でしたから、全部見ようという野心も失せて、大阪城の財宝が、いかに豪勢なものであったかを目の当たりに知ったのが何よりの獲物と思って、披見を断念しました。その時、これが一番古い大事にしている物です、と言って見せられたのが、「二人静」の名物裂で、余り大きくない裂でしたが、紫地のいかにも古い時代色のあるそれは、静御前が鎌倉八幡宮の社前で、「しづやしづ」と今様を歌って義経を慕って舞った時に着用した衣の裂であるとのことでした。その裂の古さでは確かにその伝えを持っていると思いました。古裂というものは、茶入れの袋を作るくらいの大きさがあれば値打ちですから、この庫中の裂は大変なものだと驚きました。こういう遺品は、足利将軍家以来の伝来物が秀吉のところへ寄って行ったものでしょう。しかし、その時の古裂拝見は、私にそちらの考究を諦めさせる効果がありました。

5　水戸光圀(義公)と前田綱紀(松雲公)の蒐書

尾張の敬公は治政の根本をよく理解して、集書と読書とから国史の正しい編纂に着手しましたが、神代史として『神祇宝典』を編んだところで終り、後は甥の水戸光圀《みつくに》に期待しました。光圀は伯父の敬公から指導を受けて、史料の蒐集に努め、『大日本史』編纂の大業を起こしました。集書に意を用いた基になった刺激の一つは、手もとにあった「駿河御譲本」であったと思われるのであります。光圀は御承知の通り、敬公の末弟頼房の次子として生まれて水戸家を継承し、契沖に教えを乞い、朱《しゅ》舜水《しゅんすい》を招いて師事するなど、和漢の学に意を用い、わが国の歴史の跡を省みようとしたのも、日本の治政のあり方を大陸と比していかにあるべきかを見定めようとしたためと考えます。朱舜水は、「本邦の中朝に優ること三つ、その一は百王一姓、二つに天下の田ことごとく公田なり、三つに士世禄にして俸重し」と言っております。これを光圀に教えたと思います。これは新井白石の『退私録稿』に伝えていますが、この百王一姓は古代においても特にわが国が漢土に対して誇り得るただ一点であったと考えます。武家政権において皇室といかに対すべきかは最も重要な問題で、これを江戸幕府の初期に最も掘り下げて考え、一つの体系を立てようとしたのは山鹿素行であります。

水戸では『大日本史』編纂を中心に水戸学が興りましたが、水戸学は史学・文学を併せていますから、朱子学尊重に偏せず、考え方が広いのであります。そして、水戸学には水戸の地に残っていた佐竹の郷士の力が与って大きいと思います。長い間この地に文武両道の文化を開いていた佐竹源氏一党の伝流の中心は太田であります。

光圀が一番力を注いだのは史料の蒐集で、そのため遠く近畿地方へも侍臣を派遣しましたが、金沢文庫へも度々採訪しました。そして必要な史料を借用し、これを写し取って原本はまた返却しました。戦災で焼失してしまったものが多いと思いますが、借鈔した書物に記録が附随していて、採集にかかわった侍臣の名が判明します。その一人佐々木助三郎などは、水戸黄門漫遊記の助さん格さんの実在名でしょう。光圀の史料採訪は結果として隠密の役も兼ねたかもしれませんけれど、『大日本史』のための史料採訪の努力はその程度でできることではないと考えられます。大変な費用をかけていると思います。水戸で借りて写して返したものを、その後で前田松雲公の使いが行って、黄金で買い取ってしまったものがたくさんあって、中には彰考館に残存する模写しか現存しないものもありますけれど、一方には移写本が残り、他方には原本その物が所有されていて、現在になれば、それが大きな相違になっているのは皮肉なことであります。

光圀の姉（家光の養女、大姫君）が前田光高に嫁して生まれたのが松雲公（綱紀）であります。徳川幕府は前田家を何とか亡ぼそうと常にたくらみましたが、前田家はその対策に心を絞って遂に遁れ百万石の外様大名の地位を保持しましたが、それは松雲公なる文武両道の名君の治政のおかげと思わざるを得ません。松雲公は寛永二十年（一六四三）に生まれ、享保九年（一七二四）に八十二歳で没しました。水戸光圀は元禄十三年（一七〇〇）に七十二歳で没しておりますから、松雲公はなおその後四半世紀を生きて、幕府中興の祖と言われる吉宗八代将軍の治世に九年参与しているわけで、幕府の武家政権治世の固まる江戸初期から中期にかけて、最も大事な時期の数十年半世紀以上を大名諸侯の筆頭として君臨し、諸侯にその範を垂れた君主振りの活動をされたのですから、徳川幕府なる武家政権二百数十年の永続にいかに与って力あるかがわかると思います。

松雲公はただに和漢の古書を蒐集し、歴史に興味を抱いた物好きの大名ではありません。もちろん、松雲公のように古今に例がないほど和漢の善本を蒐集すれば、それだけでも一大文化事業の主と讃えられましょう。しかし松雲公の場合は、蒐集も読書講学もすべて政務の暇に行われたことで、己が嗜好に偏して君主としての任務を疎かにされたわけではありません。

松雲公の好学はもとより前田家の家風に負うものでありましょうが、公の場合は天性と修学とを兼ね備えた上、後見会津侯保科《ほしな》正之（家光の弟）の薫陶と、叔父水戸光圀の刺激がよい結果を重ねたものでありましょう。光圀が史局を小石川の邸内に置いたのが、公十五歳の明暦三年（一六五七）、その二年後から公の求書学者の招聘を盛んに始められたことを思いますと、光圀（義公）と綱紀（松雲公）両者の関係の親密なことが十分察せられるのであります。松雲公の典籍蒐集については、五島美術館で前田家の名宝展が行われた際、昭和四十年五月二十二日、私が「前田松雲公の典籍蒐蔵」と題して記念講演をし、その速記を改稿して、『書誌学』復刊新一号に名誉の巻頭論文として、「前田綱紀(松雲公)の典籍蒐集とその意義」と題して同四十年七月に公表してありますから、詳しくはそれを参照していただきたいと思いますが、その記念講演には私も非常に熱が入りました。講演が終りましたら、前田家関係の方々が聞きに見えておられ、今井吉之助さんが、今日の講演で百万石が二百万石になりましたと言って下さいました。拙い話ながら私の熱意の幾分かが通じたことと嬉しく思った次第であります。

松雲公の蒐書は十七歳から始まり八十二歳で世を終るまで実に六十余年の長きにわたりますが、それには公に招かれた学者芸術家等多くの人々も集書に力を尽しました。しかし古書採訪に書物奉行として最も働いたのは津田光吉で、鎌倉・金沢には延宝五年(一六七七)、公三十五歳で光圀に少し遅れて着手したことは前に申しましたが、水戸家は借鈔を主とし、原本は返却したのに対し、公は借鈔もしましたけれど、原本を購入するよう努められました。これは経済力の差異も関係がありましょう。奈良方面は天和元年(公三十九歳)に着手し、その後、東寺の「百合文書《ひゃくごうもんじょ》」の修理保存にも力を致されました(公四十三歳、貞享三年・一六八六)。また、伏見宮家の古書修理、高辻家の文庫建設等にも助力されました。京都では東福寺・仁和寺・高山寺・二尊院、石清水八幡宮等の寺社、二条家・三条西家・冷泉家・壬生官務家等から採集されたものも多く、高野山の足利尊氏・直義兄弟・夢窓国師三人合筆の「宝積経要品」一帖（紙背名家自筆短冊帖）を入手されるには実に莫大な額を支払っております。残っている記録を見ると、高野山側は大層な利を貪ったものだと驚きます。

公が典籍・古文書の蒐集を基にして企図された編纂物は完成を見ないものが多かったのは惜しいことですが、それらも上述の拙文に記してありますから省略いたします。その中で一つ私も関係しておりますから附言いたしておきますが、昭和の極初期、前田家の書物奉行をしていた子孫がとうに時効にかかっている先祖が手もとにお預りしていたものでしょう、松雲公蒐書の一部を売りに出しました。その中に『温故遺文』が一本箱にありました。これは高木利太さんが購われました。松雲公が典籍について学者に質問した返事を張り込み帳にしたものです。安田文庫に譲り受けましたが、焼失したと思います。『高木文庫古活字本目録』（巻末附録に掲出）にその片影を留めております。

6　脇坂安元と松平忠房の蒐書

脇坂安元《わきさかやすもと》は八雲軒と号し、「脇坂淡路守」「藤享」「安元」の三印と「八雲軒」（朱・墨両様あり）なる人の目に立つ蔵書印を捺し、直江山城守のそれに似て丹表紙を付け、それが蔵書印に相応しております。和漢の典籍を集め、それがあちこちに散っていますので、明治維新直後にでも散佚したのかと思っておりました。ところが、この頃望月三英の『鹿門随筆《ろくもん》』を見ましたら、亡くなった後、家来が不埒で書物を払いに出した由ですから、もう江戸初期に四散していたのであります。安元は承応二年（一六五三）に七十歳で没していますので、天正十二年（一五八四）の出生。すると、家康が亡くなった元和二年（一六一六）には三十三歳ですから、安元は家康が駿河御文庫に新しく写させて蒐集した典籍記録の慶長写本を伝写させて貰っているかもしれません。少なくとも家康の遺書を江戸へ送ったものを、その後間もなく書写の便を得たものと思われます。それは安元蔵書の書写年代が元和・寛永頃（一六一五〜一六四四）と認められる故です。

八雲軒の遺書を見ると、安元以前の古写本はほとんどなく、自分で新しく写させたものが多いようで、古活字本のたぐいもありますが、唐本も見ましたけれど少ないようです。好みの丹表紙は、ある

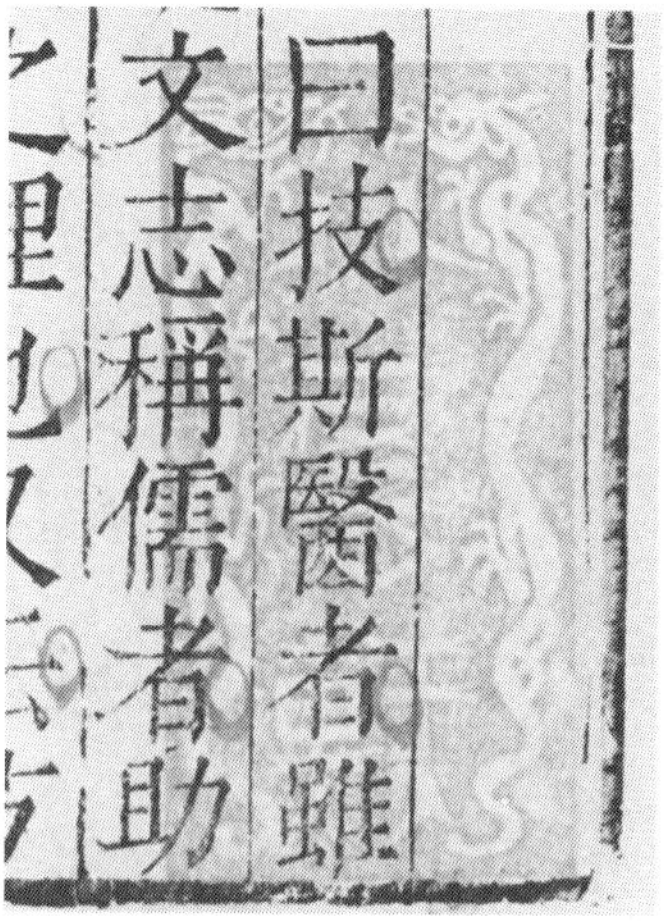

図19　脇坂安元印「八雲軒」

図20　同「脇坂淡路守」「藤亭」「安元」（上から）

いは直接直江山城守の影響を受けているかもしれません。ごく一部分昭和初年まで家に残っていて売却したものもあったことを最近知りました。安元の集書は相当な数があったと推測されますが、古くに散じたとすると、なかなか伝存しにくいのが常ですから、私共が今あちこちで相当数目に付くというのは、やはりもとかなりの数があったことを示すものと言えましょう。

安元の親の安治は秀吉旗下の一人で、賤ヶ岳の七本槍の仲間ですが、「壬辰役」には水軍として働いていますが、関ケ原では西軍の陣に列を布きながら東軍家康に応じて保身しました。昭和初め、京都の骨董商で古書や古文書を扱っていた松本群鹿堂で、安治の書状を反故にして歌書を認めた虫損だらけの一冊を買い求めたことがありましたが、安治が歌文の心得があったとしたら、安元の好学集書はその感化があったかもしれません。詳しく安元のことを調べないまま歳月が過ぎてしまって残念ですが、集書では家康や直江山城守に続くもので、敬公よりも先輩になるかと思います。そして、上述のように丹表紙の本の姿がよいのも、後世の蔵書家には好条件です。

松平忠房の蔵書は現在もかなりの数が島原に残っていることが近年判明しましたが、昭和の十年代にも相当数、屑屋に払われて、背取りと称される古書買いの手にかかって南陽堂の店に出ました。その中に慶長五年（一六〇〇）後藤登明印刊の国字本切支丹版『おらしよの翻訳』の一冊もありました。南陽堂はそのことを固く秘していましたが、これは島原松平家の旧蔵に違いありません。その他寛永（一六二四〜一六四四）からすぐその後頃の古写本や古活字本などが多くありました。何でも世田谷辺に邸があるとのことでした。「島原秘蔵」の蔵書印を捺した古活字本その他の善本は、私が大正末年古書の見始めから出会っておりますので、早く明治の頃に払われたものがあると思います。それ故、昭和十年代にまた出たので、もうすっかり払われてしまって残ってはいないだろうと想像して、昭和初年に島原を探訪することも怠ったことを後悔しております。写本に書写年時を表記したものがほとんどないので、その書写年代を書風・装訂等で推定するほかありませんが、この方は脇坂安元と違って華かな表紙を付けず青緑色のものが多く、装訂も整っており大名の蔵書然として、仮名の書風などもすぐれていて、実際の書写年代より古く見えていると思いますが、忠房の集書は元禄（一六八八〜一七〇四）まで下ってはいないとみます。

しかし、忠房が島原に封ぜられたのは寛文九年（一六六九）だと言いますから、島原に移る以前の小藩の時から文学好きで、歌文を中心に手蔓を求めて借鈔し、併せて寛永以前の刊本等を熱心によく揃えていたと推測されます。ただし、現存の江戸中期以後の多数の普通本の版本は、後に藩校稽古館の参考図書として寄せられたものと思われます。現在島原に残存しているものは、保存がよくなかったため、虫損の著しいものや、損欠があったりするものが少なくないのは惜しいことですが、それでも、九州地方有数の古書善本の文庫であることは確かです。ですから散佚したものを併せたら、その全貌はなかなかの内容になると思います。

7　江戸初・中期の蔵書家

以上に述べたような、目立った武家為政者の和漢書蒐集は、文化的な意義を含んではいますが、経世家として治国のために重要と考えての所業でありました。しかしながら室町時代から専門の家学のため、また、学僧で典籍の蒐集に意を用いた者もおります。漢学の博士家の清原家（舟橋家）・神道の吉田家など――この両家は親戚で血縁が交流しております――や、妙覚寺の日典（その弟子日奥）等、その遺書が散佚しながらも現存しておりますから、相当な内容を持っていたことがわかります。それらについてはまた別に詳しくまとめて述べる折を持ちたいと思います。

江戸初期からは、出版も盛んになりますし、唐本の輸入も増加しますから、書物が入手しやすくなり、蔵書家が増えるはずですが、実際には少し広く行きわたるという程度で、特に蔵書が豊富という寺社や学儒の家々などが目立って多くなるというわけでもありません。ただ、時代が下りますので、残存率がよくなるということかもしれないと思いますが、著名な学儒の手沢本がまとまって残っているものも、寛永頃（一六二四～一六四四）まで遡ると、林羅山《らざん》やその弟子筋の山鹿素行《やまがそこう》など、寥々たるものです。林羅山（明暦三年・一六五七、七十五歳没）のものも世間に出ているものもかなり見ますが、幸いに林家の蔵書は昌平坂学問所のものなどと一緒に内閣文庫に相当数残っております。内閣文庫の林羅山関係のものは、書誌学会から出したいと考えて福井保君にまとめていただいてあって、既に許可も受けてあるのですが、私が怠っていて延びております。山鹿素行（貞享二年・一六八五、六十四歳没）の遺書も山鹿家の御諒解をいただき主要なものの撮影も全部済んで、覆印する計画を立てておりますが、これも発表が遅れております。素行については羅山以上に内容上の意義が重要と思いますので、是非早く実行したいと願っております。

江戸初期で、これも少しは散佚しておりますが、まだ寺によく残っているのは、深草の瑞光寺の元政上人（寛文八年・一六六八、四十六歳没）のものです。私は若い時から探索しようと思いつつ果たしませんでしたが、最近目録が出たようです（編者注――「京都深草瑞光寺蔵古活字本書誌」）。ほかに三浦為春、『あだ物語』の作者で俳諧の集なども出しておりますが、三浦氏はもと小田原北条氏に仕え、後に父頼忠もともに徳川家康に召し出され、姉の万（お万の方）が家康の愛妾となり、紀州家の祖頼宣と水戸家の祖頼房の二人を産みましたので、慶長八年（一六〇三）から頼宣付きで紀州藩の付家老を勤めましたが、親の代から文芸の嗜みがあり、相当な蔵書を持っていたようで、戦後すぐに子孫が売りに出しましたのでわかりました。一括してどこかへまとめて残せばよかったと思います。頼忠が写させたと推測される室町末期の宝生流謡本百番――これは私の新注国文学叢書『謡曲名作集』に参照しました――や軍記物の古写本なども ありました。『あだ物語』の絵入りの原本も見ましたが、扱った古書籍商がどこへ納めたかは聞きませんでした。

漢学者では伊藤仁斎・東涯父子の古義堂ですが、これも一部出ているものもありますが、残ったものはまとまって天理図書館に入っておりますことは御承知の通りです。

国学者では、荷田春満《かだのあずままろ》（元文元年・一七三六、六十八歳没）の遺書が稲荷関係のところに残っているならば是非世に出して欲しいと願っております。若い時から関係の方を押していたのですけれど要領を得ずに終ってしまいました。安田文庫の西荘文庫から購入した一括の中に、春満自筆の『仮名日本書紀』がありましたので、私はその自筆本の遺書の探究に心が動かされたのですが、世に出ている春満の確かな自筆本は非常に罕《まれ》で、契沖の比ではありません。契沖《けいちゅう》（元禄十四年・一七〇一、六十二歳没）の遺書もそう沢山はありませんが、それでも自筆の稿本類等が色々残っているのは幸いです。生駒山宝山寺に、契沖自筆の真言関係の聖教が二本箱もありますが、これは契沖が生駒の住職で彫刻の名手湛海《たんかい》律師と親しい交わりがあったためです。江戸時代の彫刻では、元禄十四年の湛海作の五大明王だけが国の重要文化財に指定されているほどですが、契沖自筆の聖教の一帖が、なぜか戦前に神田の古書肆に出たことがあります。その時宝山寺へ買い戻して貰っておけばよかったと後から悔いております。

新井白石（享保十年・一七二五、六十九歳没）なども、蔵書は多くはなかったようですが、手写本や自筆稿本などは色々残っております。江戸時代前半の学儒としてはよく現存している方であります。

8　江戸時代後半個人の蔵書

一　藤原貞幹

江戸時代の後半、元禄頃から少し後、享保元年（一七一六）に八代将軍吉宗が将軍に立って以後、江戸末期までの蒐書について、その主要な業績を残存の跡付けから概観してみたいと思います。

この期に特に注意すべきは、国学の研究が起こって来たことであります。これは前の時代に、有力な大名諸侯が経世のため和漢の書を集め、また日本の歴史の意義を省み、国がらを明らかにしようと努めたことが、日本の古典を研究し、わが国がらを一層明らかにしようとする気運を興したとみられます。これは一方に江戸時代の政治思想の根拠とした宋学（朱子学）を学ぶうちに、わが国に古来読解されていた漢唐の古注を併せ学ぶようになって、漢土の古典の本質を考究する力を与えられたことが、ひいて日本の古典に対する眼をも開かせるようになったと思われます。そして、その新しい漢学は、自然、主として為政者の武家の間に行われていましたが、国学は、武家以外の人々の間からもすぐれた勉学が現れ出たことが一特色と言ってもよいと思います。

その最初の一人は、京都の藤原貞幹《ていかん》（寛政九年・一七九七、六十九歳没）であります。貞幹については、昭和四十三年六月に五島美術館で貞幹の業績を表彰する意義ある展観を催し、その際、私は講演を致し、パンフレットも印刷発表してありますから、これまた詳しくはそれを参照していただきたいと存じます。今日ではもう「藤井貞幹」と主張する人はなくなったと思いますが、昭和の初年までは、大方の図書目録は著者藤井貞幹となっていました。明治以来そう呼ばれたのは、本人が藤原貞幹と名乗り、略して唐風に藤貞幹と記したのを、「フヂ」と呼んで、上方弁のアクセントは「フヂ」の下音「イ」が延びて聞こえたためであろうと思われます。「藤井」は誤りだと昭和の初年に私が強く主張して正したのであります。

貞幹は古文物をも種々所蔵しましたが、和漢の善本も色々所持していました。門人の山田以文（吉田氏の一族、吉田神社の社人、天保六年・一八三五、七十四歳没）が貞幹の遺書を多く伝え持っていて、その山田以文の遺蔵書を一括して、明治中頃に静嘉堂《せいかどう》文庫で購入しましたので、貞幹の自筆稿本もその中にたくさんあります。もちろんほかに散じているものもありますが、旧久原《くはら》文庫（大東急記念文庫）に、自筆稿本や反故のたぐいなどの一括が購われて残っております。両文庫の分を併せますと貞幹の著書はほぼ揃うと思います。

貞幹の学問（国学）の特色は、和漢の文献を読破しているのと同時に、古代の遺品・遺跡の実証的考究がそれに伴っていること、そして、考究の範囲も、神代からわが国文献の成立以前の歴史についてはいうまでもなく、文献成立以後に関しても、特に平安朝の公家の文化に詳しく、その上、代々専門の業を継承する公家の各家に伝承されている知識を吸収しているという特色を併せて持っております。その点、貞幹は地の利を得ていたと言ってもよく、特に古代文化の研究に対してはすこぶる好条件を持っていたと思います。

貞幹は自分の学問を国学と呼んでいますが、それはわが文化の実相を歴史的かつ実証的に究めて、その本質を明らかにしようと努めるものでありますから、在来の仏教や漢学ことに宋学等の勉学に対しても、自己の学問研究の立場を主張する呼び名として適切であります。

これに対して、賀茂真淵・本居宣長等の国学、ことに宣長の国学の主張は、弟子の平田篤胤《あつたね》等の継承によって思想的な要素をいよいよ濃厚にしていきましたが、これは江戸幕府の初めより武家政権が宋学を政治思想のよりどころとしているのに対して、反発的に皇国思想を主張しようとしたもので、その根幹には、皇国の実体を闡明にするという研究の営みを、しっかり行うことを忘れてはおりませんけれども、それが学問的に闡明されれば、自然に民族的自覚に達するという結果を静かに待たず、ある種の学問的な成果を、そのまま民族運動に及ぼそうということにありました。それは幕末の尊皇攘夷の運動と結び付き、それを大いに支えました。その働きには別種の意味がありますが、重ねて申します。貞幹の「国学」は、日本文化の根源を探り、古代文化の実相を明らかにするという学問の純粋性を保持している点で、むしろ当時の仏学・漢学に対しては、真の「国学」の意義があったとみるべきでありましょう。

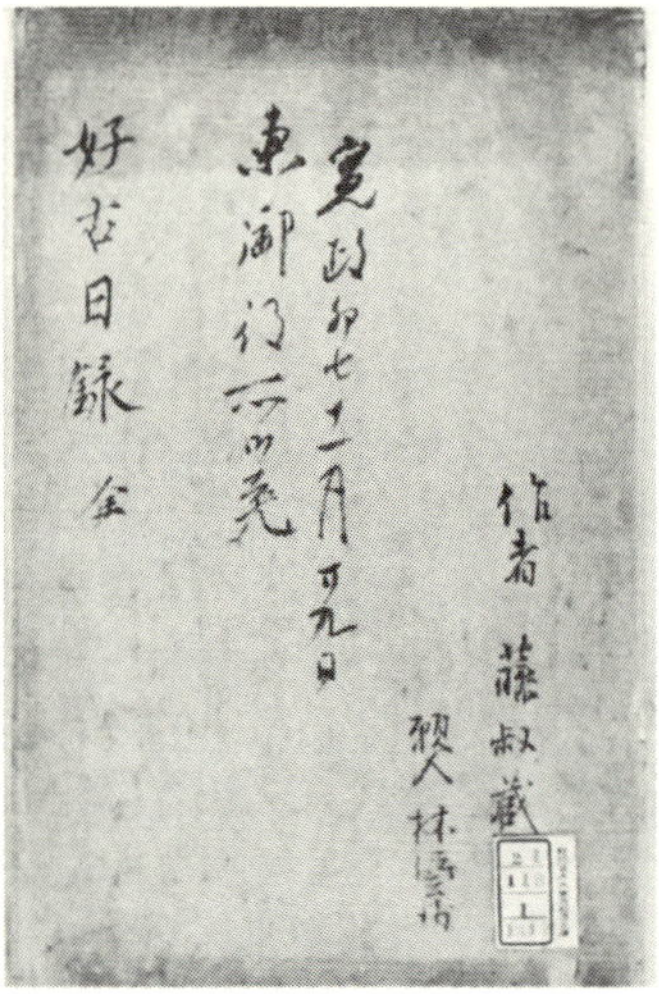

図21　藤原貞幹遺書『好古日録』

宣長等は、みずからの学問を「古学」と称しておりますが、もしこの古学が、古を考える学問という意に、古くよりの伝流を継承しているという意が加えられているとするならば、これまた「古学」は貞幹の学問にこそ適切な称呼であると言えましょう。当時の貞幹が、若年から考古一途に積み上げて行った学問の道程と、その学的識見とから見れば、宣長の如きは、同じ研究の分野ではむしろ「お素人」とでも言いたかったのではないかと思われます。宣長は『古事記伝』の研究においても、もちろん漢籍もよく渉猟しておりますが、その研究の中心は「ことば」によるのでありまして、「ことがら」の方面が、いずれかと申せば疎かになっている傾向にあります。貞幹は、宣長に対して『衝口発《しょうこうはつ》』を著しましたが、宣長はそれに反駁して『鉗狂人《けんきょうじん》』を著作して答えました。けれどもこの両者を比較しますと、貞幹の特色がよくわかりますのと対照的に、逆に宣長の古代文化の研究の欠点が明らかにされるのであります。その上宣長は、国学思想の上から、思想家の立場として貞幹の学説を非難している部分が少なくないのでありまして、真の学問的反駁から離れている点が多々ある事実は否めません。貞幹を「鉗狂人」と呼ばわることにさえも、それが現れていると言ってもよいと思われます。あるいは貞幹は『日本書紀』、宣長は『古事記』を考究の主体とした点から、その開きが出たのではあるまいかとも私考します。宣長及びその子孫の蔵書はまとまって残っておりますが、一部は外へ出ております。ただし、自筆稿本や書入本は、今は松阪の記念館に多く残存しています。

なお、後から出て国学・古学の道を真に歩んだといえます狩谷棭斎《かりやえきさい》が『衝口発』と『鉗狂人』との両方を読んで、みずから朱校を加えた両写本を安田文庫に獲ましたが、焼失してしまったのは残念です。その本は『椎園』第一輯（昭和十二年刊）に紹介してありますが、私の記憶するところでは、棭斎の内容批評の言葉は見えませんでした。棭斎は、また、『古事記伝』の全巻に眼を通して書入れを加えております――その棭斎自筆書入れの『古事記伝』は松井簡治先生の蔵書の中にあります。

貞幹の研究にも片寄った所説、不足な点が色々あります。それらも前に指摘しましたが、宣長についても改めて論じておきたいと考えております。それは、この後に狩谷棭斎について述べる項に譲ります。『国学備忘』と『閲史大疑』とは静嘉堂文庫のお許しを得て、『かがみ』十三号に翻字しましたが、なお私は貞幹の全集を公刊しておきたい希望を持っております。

ここに、ついでに附言しておきたいのは、京都の古書籍商の篤志家村井敬義（古巌）のことであります。敬義は天明四年（一七八四）に自分の集めた各種の善本を、伊勢神宮（内宮）の林崎文庫にまとめて献納し不朽を期しました。それについて、内宮の林崎文庫、外宮の豊宮崎文庫のこと、または京阪の書肆が御書物講を作って書物を奉納していた北野の天満宮文庫、大阪の住吉神社の住吉御文庫、大阪天満宮の文庫などにも説き及ぼさなければなりませんが、私もそれぞれの文庫に多少かかわりも持ちましたから、述べておきたいこともありますけれど、ただ今ここでは省略いたします。それらの京阪の三御文庫の内容に較べれば、敬義の献納本は段違いに善本に満ちていると言ってよろしいと思います。私も学生時代からよく調べさせて貰いましたので、まとめて論文にと志しながら果たせませんでした。その上、敬義は最晩年を奥州の塩釜に過ごして、手もとになお残留していた書物を塩釜神社の神庫に奉納しました。その蔵書も私は調べさせて貰っております。それは塩釜神社の祠官の家柄、藤塚京城大学教授のおかげでした。

二　屋代弘賢

屋代弘賢《やしろひろかた》は江戸時代全般にわたって、個人の学者としては最大量の和漢書を蒐蔵した場合で、しかも善本に富んでおります。下谷池之端に住んでいたので、文庫名を「不忍文庫《しのばず》」と称しました。弘賢の不忍文庫等については、若い時（昭和九年一月）に論文を発表してありますが（『図書館雑誌』二八ノ一、「屋代弘賢の蔵書について―不忍文庫書目考」）、結局阿波国《あわのくに》文庫に移され今は阿波国文庫も消滅してしまいましたから、ここにその大略を述べておくことも必要かと考えます。

弘賢は幕府の祐筆頭で、お家流の書が巧みであるため収入も多かったでありましょうし、和漢の善本を蒐集し、また、門流を動員し、自身も稀書を借鈔して校合を施すなど、集書に努めていることは非常なものです。その数万冊に及ぶ蔵書は、生前の約により、典籍を愛好し、故実の研究に興味を持っていた蜂須賀斉昌《はちすかなりまさ》侯（阿州侯）に譲渡しました。阿州侯へは柴野栗山《しばのりつざん》もその蔵書を全部献納しました。それはやはり阿波国文庫にありました。弘賢と栗山とは親しく、寛政四年（一七九二）には幕命で山城・大和へ探古の旅を共にして『道の幸』の記録を残しております。阿州侯への橋渡しはあるいは栗山であったかもしれないと思います。

弘賢は後に述べますように、狩谷棭斎と関係が深いのでありますが、また、塙保己一《はなわほきいち》検校とはなはだ親しくしております。塙検校の和学講談所も『群書類従』の編刊も、弘賢なしには考えられないと言えます。『群書類従』の版下を手写したり、自分の蔵本で校合を加えたりしていることはもとより、いくら学識がすぐれていると言っても、塙検校は眼が見えませんから、弘賢に助けられていることは非常なものです。弘賢の日記を見てもその交流のほどがわかります。

弘賢は故実の考究に心掛け、それが後半世、絵図入りの大百科事典『古今要覧』の編纂を企てることになったと思いますが、その内容が語彙の歴史的な解説に併せて、全国各地の現在ではどうなっているか、方言的なものを合めて、各地の知友に「風袋書」と名付けた袋入りの書式を配ってアンケートを求めております。その一部が内閣文庫に残っています――それを御覧になった柳田国男先生に民俗学研究の発意を刺激させたようですが……。弘賢は諸藩に門弟もおりましたから、それには好都合でした。絵図も入っていて、大規模な百科事典の企画でしたが、結局『古今要覧』（稿）で終ったの

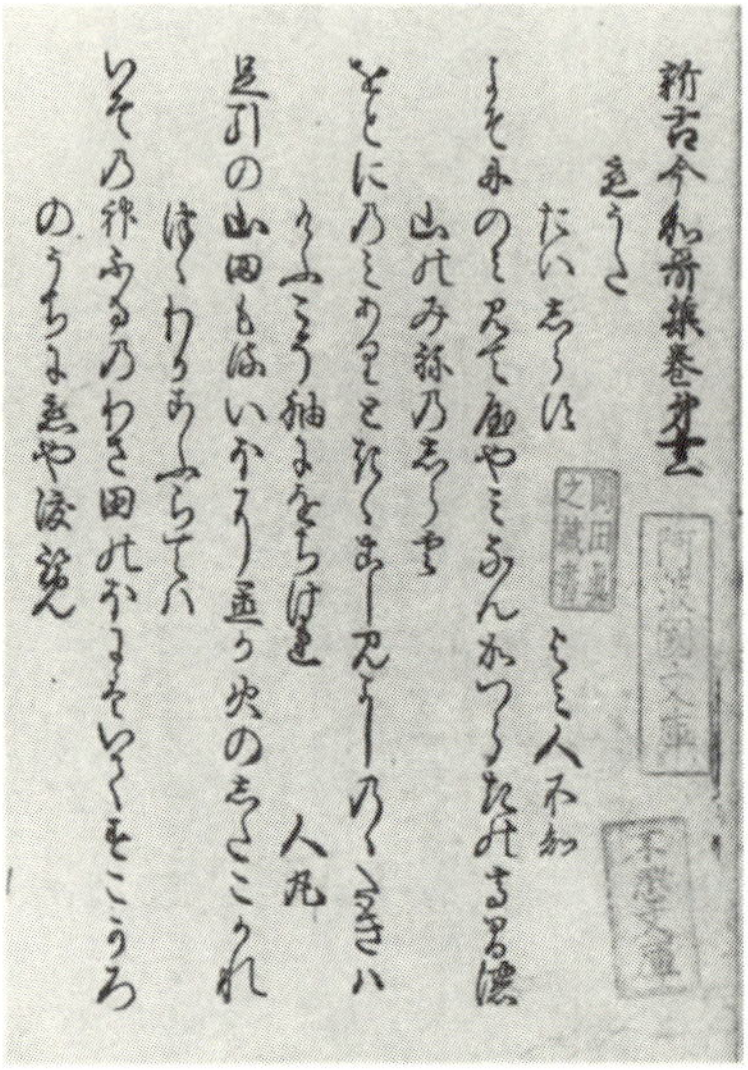

図22　屋代弘賢遺書『新古今和歌集』

は惜しいことです。

不忍文庫は阿波国文庫に移ったわけですが、前述のように、阿波国文庫には柴野栗山の蔵書も入っていますが、阿波国文庫在来本もありました。それはいずれも普通本で善本はありませんでした。明治維新以後、旧藩士に一人十部を限って拝領させたと伝えていますが、小杉榲邨《すぎむら》は旧藩士で、随分多くを拝領しているようで、徳島に残っている阿波国文庫を見ている中に、小杉榲邨の蔵印のある本を見付けて驚いたことがあります。その頂戴ぶりがわかります。

小杉榲邨旧蔵書の中に不忍文庫・阿波国文庫の蔵印のある本がたくさんあったことは確かですが、榲邨はそれ以外に善本をすこぶる多数蒐蔵しておりました。静岡県森の藤江家に、榲邨の残した古文書・書幅などが多数あるとのことで、藤枝静男（勝見次郎）君の東道で拝見に行って眼福を得、残された一部がこんなに豊富なのかと感心しました。中には模写の物もありましたが、正倉院文書の確かなものや、この頃ではそんなたぐいは市場には出て来ないと思うようなものも色々ありました。それらは一括して県の美術館に納まったと聞きました。

榲邨の没後、遺したおびただしい古文書・書幅・古写経ほか蔵書の山が骨董商の公開入札にかかりましたが、——これは榲邨と親しかった松井簡治先生から伺った話ですが、仲間うちでぐるになって、表向きは安く落札がすんだ形にして、その後で内輪に本当の入札会をやって儲けたとのことでした。それは、商売人が目利きの榲邨に始終よい物を取られていたので、亡くなった後で敵を打ったのだということで、萩野由之博士も同じような目に会ったと言います。私どもより前の時代にはそういうこともあったのでしょう。何しろだまされる方が足りないという世界ですから。

残った阿波国文庫の蔵書三万一千冊ほどは、県立徳島中学校に保管され、後に県立徳島図書館へ寄託されていました。昭和に入ってすぐ山岸徳平先生が『原中最秘抄』を見に行かれ、それが原本に近い古写本だと紹介されました。私は先生に教えられ、その翌年（昭和三年）夏休みに一週間訪書し、それから連年夏休みには調査に赴き、行く度に交通が少しずつ便利になるのを感じたものでした。そして、いつも盛夏で、丁度阿波踊の時期に行き逢いましたけれど、一度も踊を覗いたことはありません。今ほど盛んではありませんでしたが、それでも旅館は全部からっぽになり、宿の人たちも皆行ってしまいます。私は図書館で宿直員の人に頼んで本を夜なべに見せて貰っていました。初めて行った時、弘賢自筆の『判官物語』の巻一を一冊影写して持ち帰りました。他の七冊は陽画感光紙に撮して、それが全部そっくり今も幸いに手もとに残っております。

私が訪書して、宋版の『穀梁伝』があることを長沢（規矩也）学兄に告げましたので、翌年長沢兄は神田喜一郎先生を誘って一緒に阿波国文庫を訪われました。それが新聞に出たりしてよい宣伝になって、阪本（章三）図書館長が県会議員を動かし、立派な本箱が新調されました。私は、阪本館長の養嗣子になった真鍋真義君が、高等師範で一級下の英語科の学生で親しくしていたこともあって、目録の整理も依頼され、私は自分の勉強にもなることなので手弁当で毎年出掛けたわけでした。その間に、阪本館長が東京の蜂須賀邸に「不忍文庫」の柘植の印が残っていることも知り、弘賢が献納した際、まだ不忍文庫の印記の捺印のなかったものには、阿波国文庫の印とともに、江戸の御書物方がこれを捺して徳島城下へ回送したこともわかりました。徳島での阿波国文庫の本を見ている間に、不忍文庫の印の上部に、阿波国文庫の印を縦に並べて捺してありますが、残っている印記の宛て紙の半紙の切れが、二印分の大いさになっているものがいくつもありましたから、妙なことだと思いましたが、それもなるほどとわかりました（なお文庫の本で一部分残存していた分が蜂須賀邸から見付かって出て来ましたが、それも戦災時に消失しました）。

阿波国文庫の和漢書は国書の方が多かったのですが、漢籍も相当ありましたから、漢籍は長沢兄にお願いすることにして、私が預かっていた文庫全部の目録原簿を二つに分けて、漢籍の部を長沢兄にお渡ししました。お宅に残っているかと思います。私が預かっていた国書の部は後輩に貸しましたら、戦災で焼亡したと言っています。私の手もとには別に詳しく調べた目録の一部が残っております。そのほかに、『古活字版之研究』や「正平版論語の研究」その他で写真を撮らせていただいた書影が手もとにあります。それにまた、どういうわけですか、阿波国文庫の本は県立図書館に寄附されたものだとばかり思っていましたら、それは預けてあるだけで、蜂須賀家のものだということが主張されて問題を残していたようです――その主張は蜂須賀笛子という娘さんから起こったのではないかと私考しますが、嵯峨本の綺麗なものなど数種が目に付いたのでしょう、東京の邸へ引き上げて、皮肉にもそのため戦災を免かれて、戦後売りに出て助かったものもあるようです。

それから徳島の蜂須賀別邸に、なお阿波国文庫の本が一万冊くらい別蔵されているということも阪本館長から耳にして、調べに行きたいと思いながら果たさずにしまいましたが、戦後それも東京で市場へ出されて入札の結果分散してしまいました。しかしその中に善本は少なかったようです。阿波国文庫といえば、皮肉な因縁があって、もうすっかり蔵書がなくなってしまった後になって、蜂須賀家のお目付役のT氏と知り合いになりましたが、文字通り後の祭りでした。

弘賢は書がうまく極めて達筆で筆勢が強く、その強さが文字の筆画によく現れています。専門家であるだけにまことに達者な筆使いです。同じ筆跡が巧みでも狩谷棭斎とは異なり、また、筆勢の強さがよく現れているのは藤原貞幹も同じですが、棭斎は一段と筆が冴えていながら品位があり、強さが隠れています。筆が早いことは皆同じで、これは上手な人に共通したことですが、弘賢は随分多くの書物を写し、かつ校合していると前にも述べましたが、勉強するためには、好物の酒を夕食に一献傾けると、夜なべの仕事が酔いのため遮げられるから、酔って眠気を催さぬように燗酒を嗜まず、冷酒《ひや》を飲んだということです。冷酒だと身体が暖まって、寒中でも手がかじかまず筆が執れて、しかものぼせないからよいと言ったといいます。八十四歳まで生きましたから、身体は強壮であったに違いありませんが、ごく晩年の筆跡には中風的な震えが著しく出ていますから、酒の影響が出るほどよく飲んだ人と思います。

塙保己一検校と屋代弘賢の関係は前に述べましたが、塙検校の和学講談所も、正続の『群書類従』を編刊する大事業を営むためもあって、国書の古典を多数蒐集しております。中に古写・古版の善本も多く含まれていますが、これも全部散佚しております。「和学講談所」の蔵書印のある本の一冊や二冊は古書を蔵する人の手もとには必ずあったものです。

三　狩谷棭斎

屋代弘賢（臨池）は筆跡が巧みで、よく勉強し蔵書の富が有数の士ですが、狩谷望之《もちゆき》（棭斎《えきさい》）もまた、万事揃ってそれ以上で、私は江戸時代の学者の中で、ことに国学の関係の学者の中では最もすぐれていると敬意を払っているのであります。棭斎については若い時から度々論文を書いておりますから、それらを参照していただきたいと思いますが、私は棭斎の詳しい伝記を著作したいと考えながらもこれもいまだ果たしませんけれども、これまでに色々書いてあるものを併せますと、もう書かなくてもよいような気もしておりますが、実はその全集も編刊を志していて、これもそのままになっています。先年Ａ新聞社の記者と称する男が訪ねて来て、棭斎全集をやりたいと言って、何かと質問をしますが、私にやってくれと頼むでもなく、何だか人を利用する手口と見ましたから、肝心の受け答えをせず追い返しました。ただ私の集めておいた資料の中心が散佚したり焼亡してしまったりしましたので、私も新たに奮発してやってみようという気力を奮い起こすには条件が甚だ悪くなりました。それが残念です。

私も、乏しい人間でそれには値しませんが、若い時から「今棭斎」などと言われておりますから、何とか棭斎の学者としての真の姿を表彰しなければと深く念じております。村岡典嗣博士は、名著の誉れ高い『本居宣長』を著され、博士は宣長こそドイツ文献学の理論体系を日本において古代文化の研究に具現したすぐれた学者であるというふうに表現されております。私もそれは一応もっともだと思いますけれど、むしろ宣長以上に、棭斎こそそれに相当する学者の随一であると申しても差し支えないと思うのであります。その宣長についてはまた小林秀雄の『本居宣長』が出ておりますが、右様な考えを抱いております立場から、私は小林秀雄の『本居宣長』とは恐らく意見を異にするところがあろうと思われます。肝心の御当人はもうおられませんけれど、私は当面の仕事が片付いたら小林秀雄の『本居宣長』を読んで意見を述べてみたいと考えております。

棭斎は若い時、屋代弘賢に教えを受けました。自分では語っていませんが、書は弘賢を学んでいることは確かです。お家流を書き始めの頃の書風は屋代そっくりです。それ以前の棭斎の若書きは筆の返しのない平明な癖のない、用が足りる程度の書き様《ざま》です。一旦屋代を学んで、それから王羲之《おうぎし》の法帖を独習して一家のすぐれた風を成就しました。

次は学問の傾向です。棭斎は初め高橋真末（真秀ともいう）と称し、青裳堂という書肆でした。不忍の池の畔に住む屋代弘賢の邸に近い辺りに店を構えていて、思うに弘賢は青裳堂のよいお顧客《とくい》であったと見えます。棭斎は若書きの筆で多くの平安朝の故実の書や律令制度史関係の書を手写し、注記などを加え、また、真末の名で百万塔陀羅尼《だらに》の模刻などもしております。もちろんそれと同時に和漢の典籍を多読していたに違いありません。『六国史』なども真末の時代から手校もしています。和漢の学の手ほどきも弘賢から導かれたと思われます。そして寛政十一年（一七九九）の歳末に、重縁の親戚狩谷家の後嗣の男子が失せたため養子に迎えられ、望之と改名、津軽屋三右衛門の十一代目を継ぎました。狩谷家は三河国刈谷から出て神田須田町で米屋を業とし、四代目から湯島に移り、貞享元年（一六八四）に津軽藩御用達となりました。狩谷家は「求古楼」と号していたほどですから、棭斎以前から古文物を蔵していたのかもしれません。棭斎が狩谷家の当主となったことは、棭斎に思う存分好きな和漢の学を勉強させ、また財政不如意の学者では、とても及ばぬ有力な資料を駆使して徹底的な考究が叶うという、いわば鬼に金棒の境遇となりました。

生活に余裕がありますので、旅行の困難な時代に、生涯に十回近くも近畿の地に赴いて古文物・遺跡を調査し、また蒐集にも努めております。十七歳にその初旅をしていますから、あるいはその初旅は、屋代弘賢・柴野栗山の幕命による『道の幸』の記の時に従者として同行したのではないかとも推測されます。

棭斎は財力があるので、和漢の善本、古写本・古版本のすぐれた珍稀な書物を豊富に蒐集しました。学識があり、目が利いていて、その上、一番有力な条件、財力がありますから、いくらでもよいものが寄って来るわけです。私は安田さんの安田文庫でそのことがよくわかりました。

棭斎は、古典の研究をするためには第一に本文の校定を厳密にいたしました。古写の伝本を探索して校合し、善本文の底本を定め、それに基づいて考証を行いました。よりどころとすべき善本文を、各地の寺院に乞うて臨模し、また、各種の古写の善本を調査し、これを影鈔しました。みずから実に多くの和漢の古典を校合しております。その勉学に対する精励振りは、よくも時間があると思うほどです。古代の文化を研究するには、書物を集めるだけでは足りません。各種の古文物をも探索蒐集します。余人は到底及ばぬ度量権衡の歴史的研究などができたのも、棭斎ならではであります。

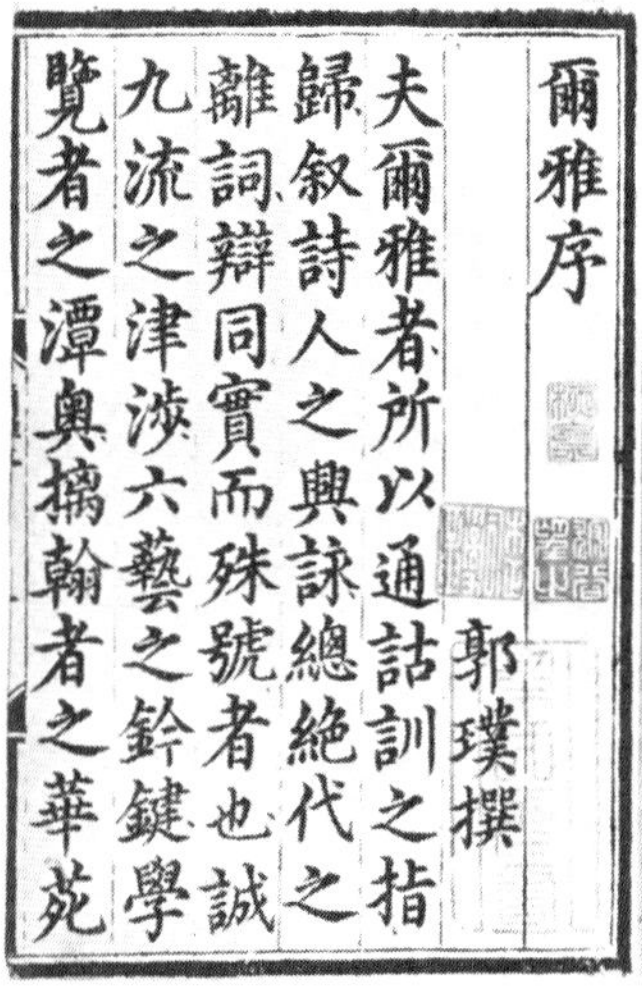
爾雅序
郭璞撰
夫爾雅者所以通詁訓之指歸叙詩人之興詠總絶代之離詞辯同實而殊號者也誠九流之津涉六藝之鈐鍵學覽者之潭奧摛翰者之華苑

図23　狩谷棭斎遺書『爾雅』

私が棭斎を初めて知ったのも、『本朝度量権衡考』を見たからのことで、宣長や白石の不足を指摘している見識のすぐれに感心したと言うよりは、本当にびっくりしました。昭和二年の春のことで、それは専門の学問を学び始めた学生の三年目でした。

棭斎の代表的な研究著述の一つは『箋注和名類聚抄《せんちゆうわみようるいじゆうしよう》』で、私は古辞書の研究を学位論文にもいたしましたので、棭斎のその方面の業績も十分考究したつもりであります。棭斎はまた、『神農本草経』の校定にも苦心しました。そのことは前に明らかにしましたが、棭斎の遺稿を森立之が横取りしているのはけしからぬことです。立之は棭斎の晩年に、渋江抽斎《しぶえちゆうさい》の関係で棭斎のもとへ寄って来て、棭斎の没後、その遺書を利用し、明治維新の際にはそれを古書肆に買却したりもしました。

棭斎は仏典にも詳しいのですが、漢籍については、江戸末期にわが国に現存する古版・古写の善本の総目録とその図録とを編成する目的で準備を整えてありました。それをまた森立之は渋江抽斎とともに自分の物にして『経籍訪古志』――これは棭斎の命名です――をまとめました。このことも前に私が森立之の不正として明らかにしましたが、それについては渋江抽斎もいかがかと思います。

森鷗外博士は、晩年に歴史小説を志されて江戸末期の学儒等の史伝を著作し、その中で一番最後に長編の『渋江抽斎』を執筆されました。私は正直に申して、あれは感心いたしません。鷗外博士の歴史小説を執筆するに際しての考え方は妥当で、そうあるべきと思いますが、抽斎伝の実際はそれに適っておりません。ほかの短い史伝や伊沢蘭軒まではまずよいと思いますけれども、抽斎がどうして具合が悪いかというと、鷗外博士は直接の好資料として、抽斎の伜の保《たもつ》を用いるのはよいとして、伜は早く死に別れた親のことはよく知らず、家にも重要な資料は残存しておらず、むしろその資料は森立之の方にあって――その立之のものは親戚の大槻家の蔵に残っていて、それは安田文庫へ引き受けましたが、他人からの又聞きなどを鷗外のところへ語り伝えるということになっています。何しろ誰さんから聞いたなどと新聞紙上に連載されるから、語り手の方は嬉しがって、それからそれへと話の種を漁り回るといった具合に見えます。極端に言えば、そんなものは直接の資料とは言えないものです。また同種の材料を博士に提供している人を私は幾人か懇意にしてもいましたが、その人たちの伝える資料も第一資料になるようなものは多くはないと思います。私は折角の鷗外の述作ですけれど、たくさんの新しい抽斎伝の好資料を、森立之の残しておいた遺書の中に見付けたので、実は鷗外博士が意図したような抽斎伝を書き直してみたいという野心にかられたほどでしたが、抽斎以上に、もっとずっと資料が揃っていた森立之・約之《なりゆき》父子の伝記を、原資料に基づく史伝はこう書くべきものとの基準にもなれかしと、鷗外を向こうにまわすつもりで、乏しいながら論文として書いてみようと考えて、「森立之・約之父子」を昭和十三年八月『椎園』第三輯に発表しました（後、『日本書誌学之研究』に所収）。その時、浅倉屋吉田久兵衛（直吉）君の紹介で、立之の孫女鑛女史（当時七十五歳）に面晤して、父祖に関して種々聞くところがあって多大の参考になりました。鑛女史と初対面の日、私が森家及び立之父子のことについて種々調べていて問いただしましたら、「貴方はどうしてそんなに他人《ひと》の家のことを詳しく御承知なのでしょう。そこまで御存知では包み隠しはできません。何でも知っていることはお話いたします」というわけで、生きた伝記資料の数々が得られて大変有益でした。その時は、実は私は棭斎伝を書いて、その附録にしようと思って執筆したものでしたが、その伝記に使用した多数の第一資料も戦災で全部焼失してしまいましたから、私が書いたものだけが後世に残ることになりました。

鷗外博士の末弟潤三郎氏から聞いたところでは、「兄は棭斎伝を書きたいと用意していましたが、果たしませんでした」と言って、その集録した雑記一綴を東大の鷗外文庫から持ち出して来て見せて下さいました。

森約之の妻は大槻磐渓の娘で、近しい縁戚でしたから、立之の没後、残った孫女等の世話も見るというので、森家の蔵書を全部大槻家へ引き取ってありました。その中に棭斎・抽斎・森父子、または市野迷庵・伊沢蘭軒父子等の資料がたくさんあった次第です。市野迷庵（市野屋三右衛門）は、元来、渋江全善抽斎の先生です。町人の学者として棭斎と並び称されていますが、学識も蔵書も棭斎とは較べものになりません。けれどもその著『読書指南』や『詩史顰《ししひん》』等を見ると、かなりの見識の持主であることがよくわかります。迷庵のことはこれも『椎園』第二輯にまとめて書いたものがあります。

棭斎・迷庵の三三右衛門（六右衛門）と併称される人に、家根屋三左衛門（北静廬、梅園）なる博識家がありました。蔵書の富はさまでではなかったようで、遺っているものもほとんど見ませんが、自筆の稿本類は、静廬を扶けた弟子筋の石橋真国のもとにあって、それを松井簡治先生が手に入れておれました。浅倉屋（久兵衛老人）に聞いたところでは、もと芝の方の人が持っていたものだということでした。北静廬については、石橋真国のことも少し添えて前にまとめて書いてありますが、真国は椋斎を真似て綺麗な文字を書いております。その真国は、江戸町奉行所の腰掛茶屋の主、七助ですが、学問がしたくて椋斎のところへ相談に行きました。「学問をしたければ、金が無くてはダメだ」と言われて、せっせと稼いで金を溜めて、百両を持参してこれでと申し出ますと、椋斎は、それなら一番金がかからないのは文法の研究だから、どうしてもやりたければそれをやるがよいと言われました。真国は椋斎の教えの通りに文法をやりましたが、それでも百両ではダメであったと真国が述懐しております。学問研究には金がかかります。昔も今も変わりませんが、世の中が進歩した現在の方がなお大変かもしれません。

けれども経済的な条件は、確かに学問の研究並びに芸術の創作には極めて大事な要素で、椋斎が言うまでもないことですが、椋斎自身も、二十五歳までは生計を立てていくには差し支えない身分でしたけれども、富商になって、思う存分研究ができるようになったのは狩谷家を継いでからです。二十代の半ばまで書籍商の傍ら困難を切り抜けて勉強に励んだと思います。初めから金持ちでなかったことがよかったに違いありません。金持ちの学問は何事も贅沢に整えてできるわけですが、困難な問題の処理にぶつかると、それを乗り越えないで楽な道を択びます。よほどその道が好きでも精神力でガンバルという気力に欠けるのが常です。角力なども富裕な家庭に生まれた坊ちゃん育ちは三役力士は難しいといいます。純粋の学問研究を貫くためには、第一に徹底的に究めるという気力が重要です。

もとより天性がすぐれていれば申し分はありません。その上、真面目に研究に励んでおれば、経済的援助に恵まれる、というのが理想的と言えましょう。それこそ正に鬼に金棒です。

棭斎の場合は、もう一つ純粋の学問、国学を貫き通すのによい条件があったと考えます。それは学問を職業とする学者でなくて、町人であったことです。もちろん、名字帯刀を許された御用商人ですが、学問で身過ぎをしませんから、ひたすら研究のための学問で、弟子なども取ることはありません。それが、弟子を教えたり、著述で暮しを扶け、声名を得ようとする学者と違って来るところです。その上に、さらに言えば、政治と結び付く学問、江戸時代は朱子学がその中心ですが、そういういわゆる実学を修めなかったことが、必要上漢学を兼修しても、文化史的な学問に止まって、それが経世の学とはっきり一線を画した所以でしょう。純粋な学問研究の域を守り通す条件が揃っていたわけです。百年後の時世が全く変わった今日といえども、その業績がそのまま通用し、役立つわけはここにあると思います。村岡博士が、本居宣長を位置付けたドイツ文献学に適った江戸時代の学者は、実は棭斎に置き換えることが適切かと考える次第であります。前にも述べましたが、私は棭斎が度量権衡の歴史的研究を行ったことが、棭斎をして真の学術研究に目を開かしめ、その研究態度並びにその成果を、西欧の科学的研究法に照らして見ても、光を失わぬ研究に深めたものと思います。

狩谷棭斎と親交のあった漢学者（朱子学者）に松崎慊堂《こうどう》（弘化元年・一八四四、七十四歳没）がおります。慊堂の画像を渡辺崋山が描いていて、その下絵も残っています。崋山が高野長英の一件で獄に繋がれた時、同じく崋山が肖像を描いている市河米庵はかかわりを避けたのに、慊堂は熱心にその無実を明かすべく奔走しました。私は、棭斎が崋山に肖像を画いて貰っていないのを惜しいと思っています。その慊堂は棭斎の墓誌銘を書いております。また、山梨稲川の墓誌銘は、慊堂の撰文による棭斎の書及び篆額になっております。慊堂は度量権衡の研究をも志していましたが、棭斎の研究を知って、自分がやるに及ばないと、それまでの調べを全部棭斎に提供して退いたと言います。それで棭斎は、自分が考定した尺の模造などを一揃い全部慊堂に贈ったものが残っています。慊堂は長年月克明に日記を付けた人で、その『慊堂日暦』の自筆本が静嘉堂文庫にあります。

その最初の二冊はなぜか内藤湖南博士が所持されるとのことです。浜野知三郎（穆軒）さんは、慊堂の遺書を遺族から一括譲り受けた人ですが、その中に『日暦』の写しが幾分かあるというので、芸林叢書を編刊する際に『慊堂日暦』を加えることにして、静嘉堂文庫の原本と対校して活字にす

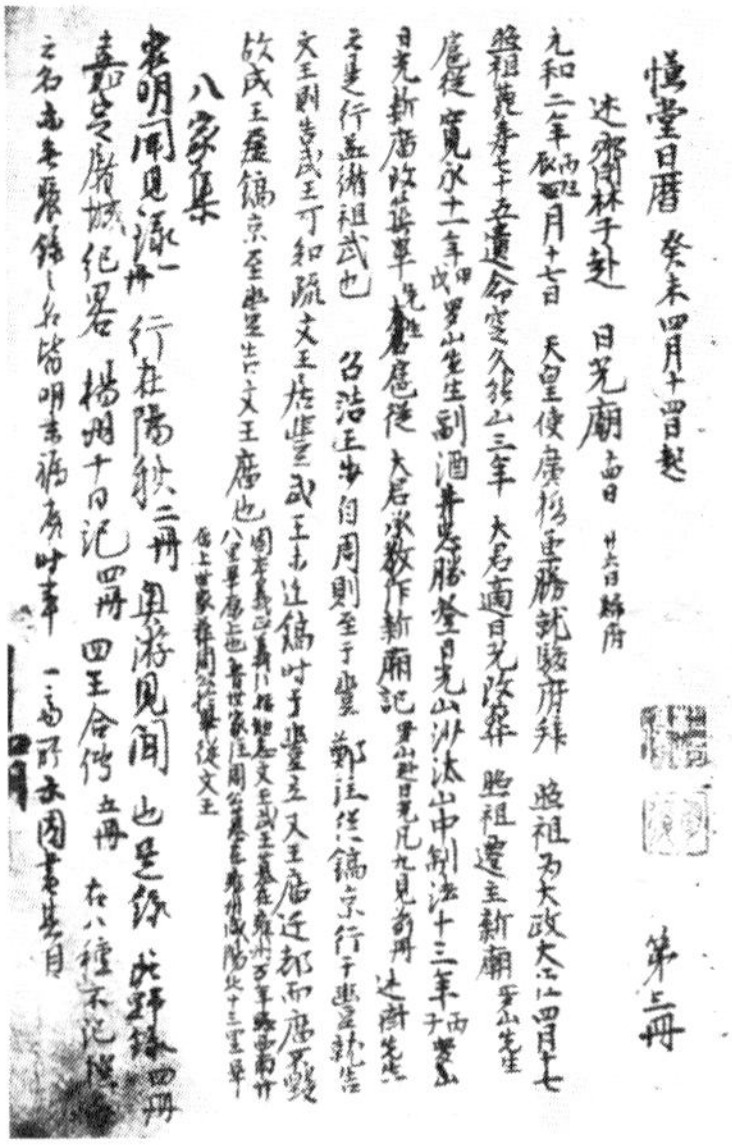
慊堂日暦　癸未四月十四日起

図24　『慊堂日暦』自筆本

ると称して、大方は静嘉堂の原本を写し取るため通って来ていました。昭和極初期、私はまだ学生で、文庫の目録編纂の手伝いを諸橋（轍次）先生から言いつかって休みには日参している際で、浜野さんと始終顔を会わせて懇意になったのです。静嘉堂の分は大方読み解いて写し取ったので、内藤博士の分も併せて活字にしたいと手紙を差し出したら、内藤先生は手もとにはないと返事をよこされたと言って、浜野さんはしきりに憤慨していましたが、それは私でもやはり断ると思いました。その話を松井簡治先生に漏らしましたら、先生は「それは無いい藤さんだよ」と秀句して笑われました。

浜野さんが、松崎慊堂の遺書を一括して購入した件について、浜野さんから直接聞いたところでは、ある時家人の病気に看護婦を雇ったところ、先生の部屋にある和漢書を見て、私の家にも古い本がたくさんあります。先祖は松崎慊堂と言い、家は千葉の方だとのことに、すぐ後で尋ねて行くと、なる程慊堂の遺書は確かにあったけれど、その看護婦は家族でも何でもなく、何か松崎家のことを知っていた者でしょうということになったようですが、結局、慊堂の遺書は浜野さんの手に入り、崋山の画像は家で残したとのことでした。けれども後に、島田蕃根《ばんこん》（南邨）の子息に一誠堂書店で出会った時に聞いた話は少し違っていました。その人も慊堂の遺書を狙っていて、浜野さんに取られたので、何か言い分があったのでしょう。その人は親の集めたものを基に商行為をしていましたから、必ずしも信じられませんけれど、浜野さんが奮発して買われたことは確かでしょう。というのは、浜野さんは、大正年間中学生向きの簡便な漢和辞典を編刊したのが大層流行り、その印税で裕福な身分でした。私共も浜野さんの辞書を使いました。

ところがその預金をしておいた銀行が恐慌で潰れてしまって、再び教員生活をすることになったとのことでしたが、一方で、長く大槻文彦博士の『大言海』の改訂編集の手伝いをもしておられました。浜野さんが、『佩文韻府《はいぶんいんぷ》』の韻を諳じているのを文彦博士が信用して手伝っているのだと自慢して私に語られました。そのことは、後に大槻家に残っている森立之の遺した古書の存在を知る端緒になりました。浜野さんは、森立之が棭斎のものを写した本などを大槻家から借りていて、私に時々見せたからです。初めは慊堂の遺書の中にあるのかと思っていましたが、問い詰めるとそれは大槻家の本でした。浜野文庫は慊堂の遺書を主体に、九州大学の斯道《しどう》文庫に買い取られました。それは浜野さんと親しかった春日政治博士の斡旋です。今は慶応義塾大学に寄附されております。

大槻家の庫に残っていた森立之の遺蔵の本を安田文庫へ譲り受けたことは、『書誌学』誌上（昭和十年十一月二十六日）の「読書観籍日録」（其の七）に一部を漏らしてありますが、それについては折を得て詳しく記しておきたいと考えております。その貴重な資料のほとんどは戦災で不幸焼亡してしまいましたので、書き残しておかなければ申し訳ないと思っております。主なものは今でも覚えていますが、珍しく手もとに書き留めたものもございますから、これについては詳しく書き残せます。

四　伴信友

屋代弘賢・狩谷棭斎と同時代の史学者に伴信友《ばんのぶとも》（弘化三年・一八四六、七十四歳没）がおります。前述の二人と同じようなこともやりましたが、蔵書から申せば遥かに及びません。信友は珍しい資料も探し出しましたが、二人とは行き方も変わって、自分の研究資料はよく読み込んで、上代史の考説ではすぐれた研究著作を残しております。信友のことも、昭和四十四年夏、本文庫（大東急記念文庫）で展示会を催し、私はパンフレットも編刊し、記念の講演もいたしました上、その後、伴信友全集の補訂などもやっておりまして、一応その生涯と業績とを明らかにしたつもりですが、信友は本居宣長の『古事記伝』『詞《ことば》の玉緒《たまのお》』等を見て、その卓識に感じ、その学風を慕って教えを受けようとしましたが、その機を得られず、没後の門人ということになりました。そして、宣長の国学の研究の精神のみを受けて、その思想的な活動の面にほとんど目を向けず、純粋に学問研究に徹底しました。宣長の国学を継承し、大いにその思想を宣伝した平田篤胤と、初めは同門として親交を結びましたが、篤胤の『古史徴《こしちょう》』の著作態度を憤って、信友は交わりを断ちました。信友は棭斎ほど文献に対する吟味には意を用いず、内容があればよいという実学主義であります。

信友も歴史学者の特色として博覧強記で、上代史に主力を注ぎましたが、広く文献を読み、それらに自己の所考や他書に見えるところを書入れ注記し、後にその注釈的な考究の中から学問研究の芽ばえが発生し始め、それらの小考がさらに文献を読みこなして、種々組織的なテーマを把握することができるようになったのであります。しかも信友は、若狭小浜の酒井侯の藩士で文武両道の武士でしたから、殿様の側近として忠勤に励み、その余力をもって研学に努め、中年を過ぎて五十歳以後に幾多の有力な考説が相次いでまとまりました。その上、その主要なものは幾度も考えを練って稿本を改めております。

前にも言いましたように、蔵書はそんなに豊富ではありませんが、自他の写本に書入れを加えたものが多く、読みの透徹という点においても、その書入本は非常に参考になります。

私の恩師松井先生も、信友の書入本を尊重されましたが、私も先生の影響を受けて、信友の自筆本・書入本の蒐集に意を用いました。ただ、信友は筆跡はすぐれておりません。これは江戸時代以来なぜか史学者に共通に見られる傾向のようであります。

五　賀茂真淵、橘枝直・千蔭父子

賀茂真淵の遺した書物などは浜松の方にもあったようですが、私が承知している限り、一番多く残っていたのは田安徳川家の蔵書の中でした。田安家は三田綱町の邸を慶応義塾に譲られました時、それを引き払う際でしたでしょう、昭和十二年頃と思います、尾張の徳川家が世話をされて、家の関係で残すものを蓬左文庫へ引き取られ――その中には観世家の世阿弥伝書の写し等も種々ありましたが、その余りは入札に附して、下見が行われました。下見の陳列品には伏見版『七書』の光悦模様雲母摺

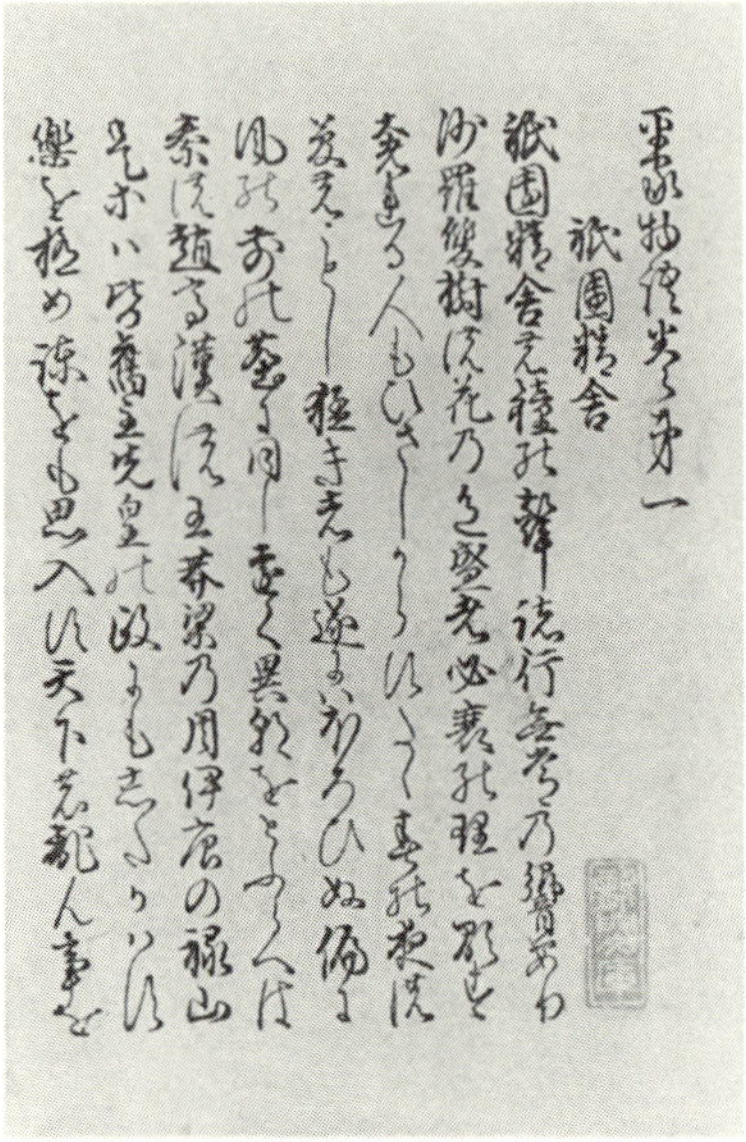

図25　下村本『平家物語』

の表紙の本や下村本『平家物語』（雲母摺文様表紙）などがありましたが、それらは龍門文庫に入って、下村本平家は後でよく調べると、全巻に真淵の自筆訂正書入れが見付かりました。ところがおびただしい陳列書をつぶさに見て回っても、賀茂真淵関係のものは一冊も見当たりません。宗武も真淵に師事して田安家とは縁が深く必ず何かなければならぬと思うのに、何もないのは腑に落ちません。ところが、下見に出さぬ普通本・雑本の山が別室に積んであったのが目に付きましたので、もしやと思って、全部を急いで、しかし丹念に一見すると、その中に真淵自筆の書入本や『万葉考』『冠辞考』刊本の自筆訂正本など数々のものがありました。宗武の編著は全部蓬左文庫へ取り置いたはずでしたが、『玉函叢説《ぎょくかんそうせつ》』と『玉函秘抄』がその中に紛れていました。

この二部は後に龍門文庫に購入しました。この本については後日の物語があります。蓬左文庫へ引き取った田安家本を資料にして田安宗武の研究をした土岐《とき》善麿《ぜんまろ》さんが、宗武の研究で受賞されて、受賞式の日、学士院でお目にかかった時、「宗武のものが全部蓬左文庫にあるのに、『玉函秘抄』だけが無いのです」との質問を受けましたから、それは入札の時雑本の中から私が見付けて、龍門文庫に買ってありますと打ち明けた次第でした。

さて、その雑本の山の中から真淵関係の自筆本などを全部うまく落札しなければなりません。その場へ私が落札を依頼する業者を呼んで、一々教示して言い付ける訳にはいきません。うまくいけば一大掘り出し物ですから、私はその夜依頼する業者A君のところへ赴いて、これとこれとよく教えて。入札に取って貰いました。大体成功して、多くの真淵自筆書入本を安田文庫に得ました。その一部は龍門文庫に別れて入っております。それは安田さんが亡くなって後のことでしたが、当主（一氏）に買っていただいたものです。しかしこれも戦災で焼亡したと思うと惜しまれてなりません。真淵は蔵書印に神代文字様のものを使用しております。

橘《たちばなの》枝《え》直《なお》・千蔭《ちかげ》父子は真淵の弟子筋ですが、この父子はかなりの蔵書を持ち、また内容もすぐれております。けれども一部は明治の頃に市場に出ました。そして、その残りは、一時、大正大学の図書館に委託されていたようですが、昭和十年の年末、一誠堂酒井宇吉氏（先代）が、島田蕃根の遺書の残部が高輪の富森家（赤穂義士の後）にあるから見て欲しいとのことで一緒に赴きました。書物は立派な邸宅の座敷に山のように積んでありました。それは橘（加藤）枝直・千蔭父子の遺書で、加藤家と富森家は縁戚とのことでした。これがどうして島田蕃根の手にかかったのか聞き漏らしましたが、私は一見、橘父子の自筆本がよく揃って残っているのに驚きました。自筆書入本も沢山ありました。

千蔭の幼少からの筆跡本が年を追って見られるのがことのほか参考になりました。

私は一通り目を通して、この一山は内容がよいから是非引き取るように勧めました。私は人より先に眼福を得るのが楽しみでしたが、その頃、安田文庫では私がこれと思ったものは何でもすべて買っていただいておりましたから、当初から酒井氏に、見てあげる代わりに、優先的に取らせるという約束をしてありました。

それから二三日経って一誠堂へ行って座敷へ上がり、富森本の山から目を付けておいたものを抜き出していくと、その中の二つがありません。これは誰か先に見て抜いたに違いないと思って主人に質すと、「いや誰にもお目にかけてはおりません」と言います。私が探しても無かったのは橘枝直の自筆稿本『東歌』と金沢文庫本『栄花物語目録』（掛川藩太田侯所蔵本の臨模）との二本です。酒井氏は咄嗟の間に私がそんなによく見て覚えているとは思ってもみなかったのでしょうが、私からきつく責められて白状しました。酒井氏は愛敬がある人柄でしたから、そういうことがあっても腹は立ちませんが、これだけは買い主に訳を話して取り戻して来なければ承知できないと私はガンバリました。酒井氏は、「実は佐々木信綱先生が見えて、置いてあったのを御覧になって欲しいとおっしゃいますから、この口はこれこれで川瀬先生優先のお約束なので困りますと申し上げますと、これは川瀬さんの専門の物ではないから、私が貰って行くと言ってお持ちになりました」と言います。私は善本その他研究資料になる物はすべて広く蒐集しようと、安田さんからその方針を許容されておりましたから、全力を尽して探索しておりましたが、万葉集の関係だけは長年心掛けていらっしゃる竹柏園文庫によりよく集まる方がよいと考え、遠慮をして来ましたが、私は文学・史学を中心に、書誌学の研究のため多方面のものを集めます。それを川瀬の専門ではないからという言い種《ぐさ》は佐々木老先生といえども許されない。私が『万葉集』を遠慮して来たのにと思うと、思わず言葉が険しくなって、酒井氏に、必ず取り戻して来るように強く申しました。酒井氏は「困った困った」と頭を下げますが、私はどうしても承知しません。この二つの本があることは安田さんにも報告してありますからなおさらです。佐々木博士が枝直の『東歌』の稿本を望まれるのもわかりますが、私はこのコレクションの中にまとまって残存している枝直・千蔭の年代順に揃っている筆跡の移り行き（発達）の好資料――かかる遺品の実例はめったにありません――をそっくり残したいと考えていましたから、枝直の代表的な著作（家集）の自筆稿本を逃すわけにはゆかないのです。

しばらく経って酒井氏は取り戻して来ました。『東歌』の方は早くも表紙を付け帙を作って、博士が題簽を手筆しておられました。それを安田さんが御覧になって、「この題簽はなぜ佐々木さんが書いているのかを後のために書き付けておいて下さい」と言われました。私がそのことを書き付けておかねばと思う執念の故か、その『東歌』は私の手もとに残っております。まだいわれを書いておりませんから、命のある間に書いておこうと思っております。『万葉集略解』の千蔭自筆になる校正摺本もその中にありましたが、一枚の写真が私の論文に載っているだけで焼失してしまいました。枝直・

千蔭の揃っていた自筆本もことごとく皆亡びてしまって、残らなくてもよいこんな逸話だけが跡に留まったのかと残念でたまりません。一誠堂に後まで少し残っていた千蔭自筆本を買ったものが龍門文庫にあります。

六　土肥経平、大田南畝、高田与清等

前記の人々と特に並べて書くほどの学者でもないと言われるかも知れませんが、土肥経平《どひつねひら》の蔵書が岡山の池田侯爵邸の書庫に残っているのを見出したのは、昭和四年の夏、東京文理科大学の一年生の時でした。私の知り合いが県庁の上役をしていましたから、岡山へ行ったついでに岡山内山下《うちさんげ》の池田邸へ調べに行った次第です。書名と冊数だけの大福帳のような蔵書目録を手掛りとして片っ端から出して貰いました。普通本は一目見れば済んでしまいますから、その時応対に当たって出納した老人に「ああ貴方は古物研究ですか」と言われたことが、今でも強く印象に残っております。古物研究とはうまく言ったものです。

そうして見ている中に、経平の自筆本の一群に巡り会ったのです。蔵書の中には古写本なども少しあって、『かげらふ日記』の寛永（一六二四〜四四）頃の写本（二冊）などが善本のもっともなるものでした。既にその頃、理研の陽画感光紙を盛んに利用していましたので、経平の業績の資料になるものは全部撮し取りました。経平は筆跡は巧みでなく、ひょろひょろした文字をぼそぼそと書いてある

ふうで、蔵書印に、柏葉の四つ葉を羽団扇のように拡げた黒印を用いているのも、その時知りました。後に安田文庫の中にもその印のあるものを見出しましたが、地方の学者としては有識故実的なことを色々とよく調べてあります。これも後になって、一誠堂から経平自筆の「蔵書目録」（一冊）を龍門文庫へ買いました。「経平秘函《つねひらひかん》」と題してあります。これは川田剛の旧蔵書です。この目録は経平の遺書と較べ合わせる必要があると思いながらこれもまだ果たせません。池田家の蔵書は岡山大学の図書館に入っていて、数年前に久し振りに対面しました。総目録の中に分類されて載っていますので、目録の上で経平を探すのは大変です。

私の手もとには、その時閲覧したお伽草子の『狭衣』の奈良絵本（美濃本二冊）を影写したものが残っています。私がせっせと書写している時、京都大学経済学部教授の黒正巌博士が経済史の郷土資料を調べに来て、机を並べてやっておりますと、「貴方ぐらい写せると商売になりますよ」と冷かされました。経済学者の言うことなのが、面白いと思いました。黒正というのは岡山の豪農の家とかで、巌氏は養子嗣と聞きました。

椲斎・弘賢の交わった学者たちも、それぞれ志す専門の道を学ぶので必要な書物を求めたり、また、善本を借りて比校したりしますが、その人たちは椲斎・弘賢等が善本を集めてしまうので、もとより財力も及びませんし、国文関係の古写本なども手もとにはほとんど所持せず、せいぜいが古活字版程度でした。書入本などがいくつも目に入るぐらいで、清水浜臣や岸本由豆流などの書入本は、私もかなり安田文庫へも集めましたが、棭斎は、前半生には浜臣を相手に『六国史』なども比校しておりますけれど、私はこれまで浜臣の自筆書入本で益を受けた覚えはありません。静嘉堂に一時勤めていたM氏が、浜臣などを大事そうに騒ぐので、「浜臣は学問的内容がありませんよ、擬古文だけですよ」と言いましたら、「浜臣をそうおっしゃると、ほかに人はいなくなりますよ」とのことでしたから、「ええそうですよ」と返答した覚えがあります。

高田（小山田）与清《ともきよ》は財力もありましたから、蔵書も多く集めましたけれども、晩年にすっかり水戸家へ献納して、小山田本の名称で残っておりました。中には珍しいものも少しあったようです。しかし彰考館文庫の焼失で大方は亡びたと思います。与清の手は筆が走る書き様で、書風に特色があります。索引を好んで作りましたから、蔵書の中にも索引用の語彙にしるしの朱線を引いた本などをいくつも見たことがあります。松井簡治先生は、大日本国語辞典をお作りになるため、みずからも古典の索引を編集されていますが、先人の作ったものも多く集めて利用できるものは改訂して使われました。そして、与清の索引はたくさんあるが、語彙の取り方が悪くて役に立たぬと評されました。古典を読む力の問題と思われます。

大田南畝《なんぽ》（蜀山人）には、屋代弘賢・清水浜臣・黒川春村等と『栄花物語』の読み合せをしたりしているものも残っていますが、和漢の学に通じ、交友も広く、蔵書目録を見ても硬軟ともに相当の質量があります。安田文庫にも努めて集めましたが、安田さんも蜀山人はお好きでした。ある時、古書売りの目録に出た蜀山人の「自筆日記」（一冊）を求められましたが、その本を先代市川左団次が欲しているのと承知され、それを左団次に贈られました。蜀山人の「自筆日記」は一年分毎に別冊に書いて残したようで、もとの松廼舎《まつのや》文庫にもあったそうですが、現在では左団次が好いて集めていて、既に幾冊も所蔵しているから、同じくは一冊だけこちらにあるよりは、本のためには左団次のもとに揃っている方がよかろうと贈呈されたのです。その時左団次はすぐに礼に来ましたが、安田さんはもとより歌舞伎もお好きな方でしたが、「左団次は真面目で、役者としては変わっていますね」と言っておられました。

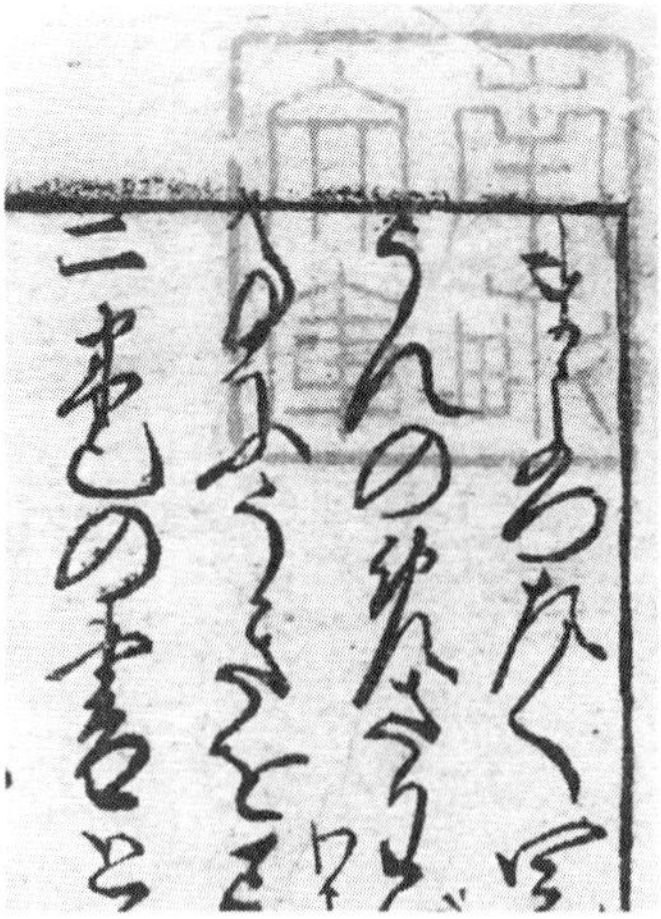

図26　大田南畝蔵書印「南畝文庫」

「南畝文庫」の蔵書印には偽妄があります。それは静嘉堂文庫で見付けましたが、よくできています。明治年間の偽印でしょう。南畝と言えばその蔵書印一つで値が上がりますから、偽印が生まれるのも当然です。漢籍も仏書も善本を持っていました。大英図書館のサトウ将来本の中に、南畝旧蔵手識の五山版があるのに出会って懐しく思ったことでした。『南畝文庫蔵書目録』は私が翻印しております。

黒川春村は考証にすぐれた学者の一人で、著書も多く書入本もたくさん残しております。また、黒川家は蔵書に富んでいて、ここでもそれに言及しなければなりませんが、その後を明治になって真頼・真道と伝え、ことに真頼が蒐集に努めましたから、黒川家の文庫については次の明治期のところでお話をすることにいたします。私はこれにもかかわっている点がございますので話の種も少し持っております。

七　小津桂窓（西荘文庫）

江戸時代の後半に、学者ではなくて、数寄者として和漢書を多数蒐集した随一は伊勢松阪の小津《おづ》桂《けい》窓《そう》です。小津家は三井家に対抗するような富商で、応挙百幅などと称せられ、書画も多く集めていたといいますが、桂窓は地方に居ながら善本をたくさんに蒐集しました。江戸の曲亭馬琴と懇意で、馬琴が大いに蒐集に力を貸しております。馬琴がすこぶる長文の手紙を認め、それが幾通も残っていることも御承知の通りです。私も長い手紙を書くことがあって、ふと馬琴を想い起こすのですが馬琴には到底かないません。

桂窓は、豊富な蔵書を西荘《せいそう》文庫と名付け、金沢文庫の印に倣った朱印記を巻首に捺し、それを細長い紙に蔵書票として表紙にも張り、雪月花に分類して番号を書き付けました。また冊尾には「桂窗」の小判形の子持枠朱印記を捺します。桂窓は遠く江戸から馬琴等の手を通して購入したものも多かったと思いますが、京阪地方の書店——当時の新刊本出版の書店は古くからの蔵版を所持していて重刷することもあり、同時に古書を扱っていましたから買い求めたことも多々あったに相違ありません。その蔵書中の古写本・古版本を見てもそう思われます。

その西荘文庫の蔵書は、なぜか明治年間に一部払われております。明治年間に購入した各文庫・図書館に西荘文庫の旧蔵本が見られるからわかります。その次は大正十二年の関東大震火災の後でかなり大部な量のものが売りに出されました。小津家とどういう関係の人かは知りませんが、松雲堂野田文之助から聞いたところでは、松岡とかいう海軍の退役大佐とかで、随分強気で持ち回っていた人があったとのことです。その中の西鶴本のたぐいは三越の小田氏のところへ入ったと聞きました。それなら小田氏の西鶴本はよい本が揃っているはずと思って、ある展観に拝借してみたら、正直言って余りよい本ではなかったので意外に感じました。私はあるいはそれは西荘文庫の本ではないのではないかと疑っています。その時の西荘文庫の売り本は、結局は安田さんがお買いになりました。松廼舎文庫を大正十二年の震火災で全部失われた安田さんが安田文庫を復興なさろうとして、その基本にもとお求めになったものでしょう。安田文庫へ納まるまでに売手が持ち回ったと推測されますことは、後に大島雅太郎さんが、蜀山人が編修した『麓の塵』の写本をお買いになった話をなさった時、蜀山人の自筆本は貴方のそばにありますからとおっしゃったのでわかりました。安田文庫に納まったその時の西荘文庫本は、私が初めて安田文庫の仮り庫に入れていただいた時、二階の辰巳の書棚の一角にそつくり置かれていました。蜀山人の自筆の『麓の塵』や南畝詩集の自筆稿本などの名家自筆本を始め、

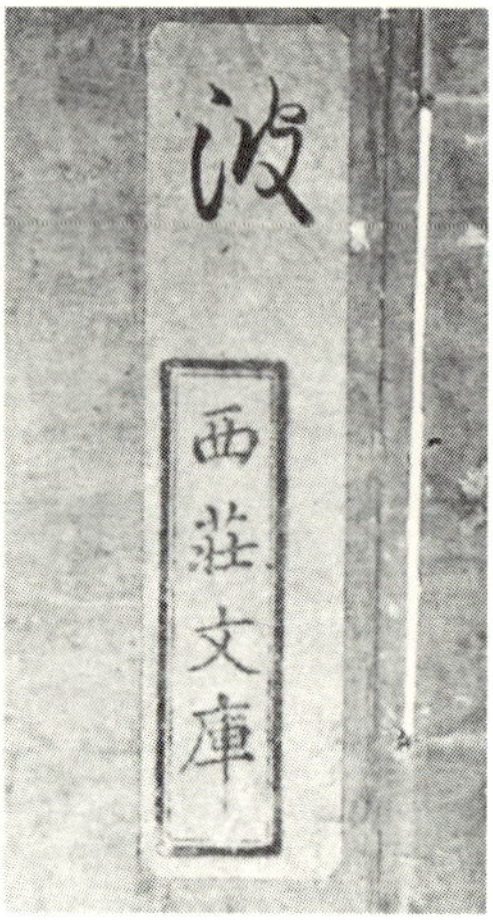

図27　西荘文庫蔵書印

古写・古版の善本の数々が積み重なっていて、私は文字通り宝の山へ分け入ったような気持ちでした。半世紀以上経った今でも、その時そこに立っているような気分にいつでも即座になれるほどです。

その西荘文庫本も、戦災を免れたものがいくらかあるようですが、惜しみても余りある多くの典籍とともにことごとく皆失われてしまいました。西荘文庫本の大方はまだ記憶しております上、幸いに目録の手控え（文行堂の評価目録の写し）が手もとに残っておりますから、いずれ次の機会にその全書目を披露したいと考えております（巻末附録に提出）。

ところが、西荘文庫の蔵書は、なお小津家の蔵に残っていたものと見えて、戦後にまたかなりの量が入札に出ました。今度はよいものは余りなかったようでしたが、数量は相当ありました。桂窓は、江戸最末期の民間の蔵書家としては飛び抜けております。

9　江戸時代後半諸侯の蔵書

江戸時代後半でも、諸侯はやはり経世のため政治を整え、治政の基本の思想のよりどころとして典籍を尊重し、これを蒐集するという傾向は江戸初期以来変わりはありませんが、国学の勃興などの影響もあって、国文・国史関係の書をも多く蒐集する諸侯も出て来ました。しかし、仮名絵入りのいわゆる軟派物などは一冊もありません。

毛利の支藩の徳山毛利家や佐伯毛利家などは、漢籍を多数蒐集し、宋・元版の善本などは後に幕府へ献納したりして、今も残っております。同じような事跡を持つ諸侯の一人に、市橋下総守長昭（文化十一年・一八一四、四十二歳没）があります。長昭は江州西大路藩主で、所領は一万八千石の小藩でしたが、長昭は宋版十六種、元版十四種合せて三十種を、文化五年（一八〇八）に幕府へ献納しました。各書の末に市河米庵《いちかわべいあん》（三亥）が跋文を書いております。この長昭自身は筆跡もすぐれ、和歌も詠ずる文筆の士で、私も自筆の短冊一葉を所持しています。これは書誌に関係する人の短冊を集めようとした中の一枚です。

松平定信（文政十二年・一八二九、七十二歳没）も和漢書を多数集め、居城白河にちなみ、「白河文庫」「楽亭文庫」の蔵書印を捺してあります。後に桑名に国替になり、「桑名文庫」の蔵書印を重ねて捺しているものもありますが、今は全部散佚してしまっています。善本はそう多くはないようですが、『集古十種』などを編纂もしておりますから、古文物や絵巻などまで内容のよいものを書き集めたりしております。明治になって早く散佚し始めていて、『花月草紙』の自筆本や自筆校正本なども半ば売られて、近頃まで残っていた分も全部出てしまいました。自筆本などは田安家に残っていたものもありましたが、それも前に述べました通り戦前に入札になって散じました。

松平定信より少し後に新見正路《しんみまさみち》（嘉永元年・一八四八、五十八歳没）は「賜蘆《しろ》文庫」を作り、これは『賜蘆書院儲蔵志《しろしょいんちょぞうし》』を編んでありますから、その内容がわかります。かなり善本も集まっていますが、これもまた全部散佚しております。「賜蘆文庫」の朱印記を捺してあります。また、正路は書き留めもたくさん残しております。

なお、江戸末期の大名諸侯の中で、国書を中心に多数の蔵書を集めた文庫に、信州堀家の「花廼舎《はなのや》文庫」があります。また山陰地方の浜田侯もかなりの蔵書がありました。どちらも散佚しております。

紀州徳川家の付家老、新宮城（丹鶴城）主の水野忠央《ただなか》（慶応元年・一八六五、四十八歳没）は国学者を集めて「丹鶴叢書《たんかくそうしょ》」を刊行し、有職故実の参考に、叢書外として精巧な色摺りの図録をも印行しました。それはわが国木版色摺りの技術の最高を示すものでしょう。「丹鶴叢書」のことは早くに研究を発表してありますから、ここには詳しく述べませんが、その『新宮城書蔵目録』（十冊）を見ると、蒐集の豊富なことがよくわかります。国史・国文によいものが多いのは叢書を刊行していることからも当然ですが、「新宮城書蔵」の朱印記を捺した本が随所に散佚しているのを見ても、その数量が推し量られます。

書物というものは、読書したり利用したりする者がいなくなると、数量が多いほど、後の者には厄介な邪魔物で、悪く処分されてしまいます。妙にまた、大名諸侯の蔵書はほとんど後が全うされません。これは公家の方も同じことです。社会に伝統を保って存在している間は、そのよりどころとして伝来の記録文書並びに書籍は大切なものですが、社会に一大変革が生ずればたちまち不用となります。明治維新の変動はそのもっともなるものです。紙屑として処理されずにどこかに残ったものは、文化財として意味を留めましたから、まだ仕合わせな部であります。日本文化のよりどころを印度・シナの文化から西欧の文化に乗り換えましたから、その価値観が変わり価値は失せて、その意味だけの物になったことが問題の中心にあります。明治に入って、和漢書の集散のはげしさの跡は、この後に見て行きたいと思います。

第二部

1　旧安田文庫のことなど

前篇では明治維新以前をまとめて述べましたが、何分年代が長きにわたるため、後から気が付くことも少なくありません。それらはまた、後篇を併せて単刊する予定になっていますので、その際に増訂したいと考えております。

後篇は、明治維新以来現代までおよそ百二十年間、これを前後に二分すると、大正十二年の関東大震災を境として、前半は明治・大正の六十年、後半は大正若干と昭和で六十年、昭和天皇の摂政時代をもこめて天皇一代ということになります。ただし、昭和は二十年の敗戦（終戦）で一大変革――これは私の日本文化史に説いてありますが――蔵書の方面においても集散甚だしく、また新たに流出したものも少なくありません。これは聖徳太子以来、和漢書の最後の大集散といえましょう。文化史的に考察しても、明治百年以来の大勢が漸く納まったわけですから、この終点に立って大観するのも大いに意味があります。その上、明治以来海外に流失した分の実体も大体調査して判明しました。明治維新以来の和漢書の集散については、昭和六十年五月に『書誌学』復刊新三十五・六号に一文を公表してあり、これと一部重複も起こると思いますが、補遺をも加えてその概要を述べましょう。

明治維新以後の和漢書蒐集の目的意義、またその実体は、江戸時代とは大きな変化があります。それは一つに政治体制の変革が原因で、徳川将軍の江戸幕府が大政奉還をして、王政復古の太政官制度となり、初めは幕府討伐の尊皇攘夷——京都から東方の幕府の武家政権は東夷——であったのが、欧米の諸国——西欧諸国は南方より来船したから南蛮人と称した——をも拡大して攘夷の目標に加え、それら外国の使節が宮城の二重橋を渡って参内すると、外蕃の汚れを清める祓《はら》いを行うという有様でした。したがって外国の知識を持つ外国通なども極めて数少なく、語学に通ずる人士も乏しい状態で、実は、勝海舟や坂本龍馬などの開国論者の導きで国家の大勢が変転したにもかかわらず、公・武・庶民全体を包括した政治、神武の古に還った政治、四民平等のはずの新政治が実現せらるべきところ、現実は簡単にそうはいかず、天皇親政となると、主上の取り巻きの公家の側近政治が力を占める。ことに岩倉具視《いわくらともみ》のような、いわば下級の公家が乱世を幸いに怪腕を振るって、薩摩等の武家を利用して隠然たる勢力を張るという実情では、とても海外、欧米の新体制に則るなどは思いも及ばず、藤原氏摂関時代の心利いた二、三の侍従の側近政治に類した有様と見ても過言ではないと思います。私は岩倉具視という男は、長い間の公家の陰険な策謀の社会で養われた大変な智謀の塊、心利いた悪党と見ております。そこまで手を拡げて追究するいとまがなくて詳しく論証する折を得ませんが、推測を逞しゅうすると、驚くような数々の仕業をやっていただろうと考えます。

さて、さすがに旧態依然では不可と気付き始めると、目ざとく変わり身が早い連中のこととて、明治四年の十月、欧米の実体を直接視察をして新体制の方策を立てるがよかろうと考え、岩倉を先頭に大久保その他の一行が大名行列で満二年間漫遊して来ました。二年間も遊んでくれば、どう欧米の真似をすればよいか考えて帰って来るゆとりもあったでしょう。

一方、幕府方の人間は、幕府政治下に欧米へ渡航して、つとに新知識を会得して帰朝し、語学にも堪能な者もおりましたから、欧米の知識開発に努めた人士もおりました。その中で目覚しく活動したのは福沢諭吉や渋沢栄一などですが、中村敬宇も幕臣で『西国立志編』の翻訳を明治三年に出版しました。この当時の青年を鼓舞したことは大変なものでした。

明治六年岩倉の一行が帰朝するや、たちまち積極的に西洋文明にもっぱら依存する方針に大転換することになり、聖徳太子以来、一千二百余年東洋大陸の文化を基本として生活して来た日本民族は、一挙に過去の伝統の文化を綺麗に捨て去って、西洋文明に新しい価値を索めて、もっぱらその学修に一辺倒となりました。過去のわが伝統文化と見られるものは、思想をも含めて形ある文化の中味は、「やまとことば」なる日本語のほかは、すべて東洋大陸のシナ文化から学び取って成り立ったものです。いわば借り物ですから、自分の生活にとって新しく学ぶべき、より好都合な文明があると気付けば、直ちにその方に全力を挙げて邁進するのは当然です。他の大陸の民族にかような例はありません。これは日本民族にのみ見られる特異な現象であります。もっとも、前にシナ文化と申しましたが、その中には漢訳されたインドの文化——それは仏教を中心とした文化を含んでおり、我々はその仏教文化に、聖徳太子以来非常に大きな指導的影響をこうむっております。

大陸は陸続きですから、それぞれが離れた遠い各地域に発生発達した文化も、互いに影響を及ぼし合っております。広大な大陸に生活をしているという点では皆共通であると言えましょう。ところがわが日本民族だけは、北は寒帯から南は亜熱帯に及んで長く連続する、温帯を中心とした長い帯状の日本列島に、言語を持たない状態の時に移り住んで来て、ここでどのくらいともわからぬ長年月独居して、他の異民族と交渉を持たず、その間にみずからの力で大和言葉（日本語）を発明成立させました。ほとんど唯一、地球上で特異な存在の民族であります。我々の文化もなお時日を仮せば、おのずから形ある文化の発達に導かれたかもしれませんが、これからという時点で、急激に海外の異民族が発達させた文化に出会って、にわかにその文化の影響を受けざるを得なくなったのであります。ですから、その時の我々の先祖は大変だったに違いありません。が、しかし、生まれのよさを十分によく養っていた日本民族は、それを受け止めて、時間をかけて徐々に他人の発明を自分の発明の如くに営み直して、独自とも言うべき自らの文化生活を営んで来たのであります。そこへ今度は同じ大陸でも、わが国土から遠く離れた西方の大陸の文明が、国土侵攻とともに押し寄せて来ました。

西洋の文明も、江戸時代、徳川幕府の鎖国政策の二百数十年の間にも漸次入って来ておりましたが、蘭医のほかはまだ珍奇な新しさとして若干注目された範囲を越えません。それが黒船来襲で、やっと大事を覚った識者もおりますが、公武ともに討幕に引っかけた攘夷論が大勢でありました。いつの世でも、余り先の方まで見える識者の意見は、一般の世人には納得されません。幕府の終結は、勝安房と西郷隆盛との腹芸で救われましたが、救われた後は、救ってくれた功績者は忘れられて、平穏な社会での世話役が立ち働きます。役目としては正当な分担でよいのでありますが、歴史のあとを辿ると色々隠れたことが目に付きます。これは歴史を真に究めようとする人間の得分です。

しかしながら、東洋大陸の文化から西洋大陸の文明に乗り換えたわが国は、国力を挙げて努めたお蔭で、明治百年の欧米学修は大きな効果を挙げました。ある一面では向こうを凌駕するまでにさえ発達しましたが、かように速やかに学び取ることができたのも、過去に東洋の大陸の文化を会得しおおせていたからにほかなりません。文字から見ると、漢字と横文字とで全く異なる様式と見えますが、東西全体を総合して考えると、それは東の大陸と西の大陸とに二分されている如くでありますけれど、前に申しましたように、東海に独り浮かぶ日本列島に、長年月わが大和民族だけで自然発生的な生活を続けて、己が力で文化の基を産み出し得た実力を持って、大陸の文化に対《むか》い合って見れば、結局は、小さい島国の日本民族にとっては、大きく前面に横たわった巨大な大陸の文化であります。しかしながら、東であれ西であれ、それは共通的な大陸の文化ですから、それぞれの文化に地域的な著しい特色はあっても、過去に東洋の文化を学びわきまえているわが民族が、一見様相の異なる西洋の文化に接しても、速やかに会得することができたのであると思います。ヨーロッパの言語を漢字・漢語で翻訳すれば、極めて容易に目的を達成することができたのは、その何よりの証拠と申せましょう。その昔、純粋の日本語「やまとことば」でシナ語を訳すため努力しましたが、話し言葉しか持たない日本民族は、シナ大陸の発達した文章語を容易に訳すことができず、明治維新に至ったということもできます。漢字・漢語をそのまま、原語の発音を訛って、巧みに使用してきたわれらの先祖の智恵に対しても、改めて敬意を払う必要があります。現在でも、欧米語を「やまとことば」で訳しにくい場合には、原語をそのまま片仮名表記で使用しております。千数百年以前の大陸文化受容の初期と同じ現象であります。

私は『日本文化史』の中でも申しましたが、日本の文化の本質を論じて、日本文化は、東洋と西洋との両大陸の二大文化が対立する中の、東洋文化の一翼（一部分）ではない。東洋の文化に対しても、対立的なものと考うべきであると主張しましたのも、如上の私の心情からであります。東洋の大陸の文化に啓発されて、我々の先祖は形ある文化を営み始めましたが、大陸何者ぞと思い、みずからの心情に適った文化の営みを発達させました。向こうのすぐれはすぐれですが、向こうのすぐれに及ばぬ形では営みません。向こうにはない己が特質を発現しております。舞台的表現の能楽が一番それをよく示していると思いますが、その他の芸術の営みも皆そうであります。

前述の如く、岩倉等の欧米視察の結果は、東西の大陸の文化に対する日本民族の文化観の価値判断を急転させ、それが一大変革の端緒となり、過去の東洋文化に基づく所産に対しては、意味は認めるが、価値は認めないことになりました。

私はここで一言付け加えておきたい大事なことに気が付きました。これは後になって気が付くから、下衆の何とかのたぐいですが、最も遺憾に思います点は、明治維新に際して、ただに表面から西欧の文明の旺盛な様子を視察して、わが日本がこれに速やかに互角に追い付くためには、在来長く学んで来た東洋文化の伝統的生活、社会の態勢、国家の組織等、すべての過去に拘泥していては不可なりと考えて、西欧文明の一辺倒なる急戦法を採用したかと思われますけれども、要は、何と言っても歴史の長くない西欧諸国の王国の憲法などに追随したため、開闢以来、二千数百年の連綿たる天皇制の国体を有する歴史ある日本国の憲法であることを考慮することが皆無とは言えませんが、明治の旧憲法なるものは、今次の大戦で敗れた結果生まれた新憲法とは、文化史的に順当に継続するものとはなり難い結果となっているのではなかろうかと懸念されるのであります。

かくして、公・武から農工商の庶民に至るまで、いずれの階層にも新旧の交代が起こったのであります。誰もが長い間伝統文化の生活に安居して、世襲の権威と権力とを保持し、自家の名誉と職能とを発揮していた条件が全く無用と化し、身分を保ち生計を維持する術を失って、身柄の変化によって起こった経済的欠落を充足しなければならぬという切実な問題に直面することになりました。武士の身分を喪失した者は言うに及ばず、商工の連中でも、武家に依存して生活が保証されていた御用達的な階層は、生活の基盤を失って、一般庶民相手に暮らしを立てて行かねばならぬことになりました。新政府の役職を得た一部の武士はよかったのですが、武士の商法で成功して生活が確立した者は、ごく一部の例外的な存在でした。それらの武家は、もと勘定方などの人たちでした。

宗教の方では神仏分離で、奈良時代以来の神仏混交が廃止となり、在来官府の保護を受けていた神宮寺は廃止、ことごとく皆破毀される目に遭いました。それら寺社領も没収されて国有地となり――昭和初年にやっと返還された――宮寺の本尊什器・経典等も散佚売却、民間の寺院に移って一部残存したものもありますが、多くの物を失いました。また、勤皇に参画した本願寺派の島地・赤松等傑僧たちの活躍で、仏教の外に置かれていた浄土真宗の一派が、仏教の宗派の厳重な仕切りを巧みに撤廃することに成功しました。そのため僧侶の肉食妻帯の戒律は不用となり、全部が本願寺派の在俗僧と一律になってしまいました。僧侶の宗教活動の成功も、世俗には困難な心身の修行に精進したがためで、世俗同様の生活を送る俗僧では欲を捨てよと教化しても、その実は挙りません。日本の仏教は、本願寺派のために滅ぼされたと言っても過言ではありません。皮肉なことに私は、西本願寺派を篤く信仰していた家に生まれ、幼少から正信偈・御文章を暗じていました。

明治政府は西洋文明を熱心に受け容れても、キリスト教を嫌い排斥しましたから、結局、無宗教――即ち無道徳の有様となり、止むなく教育勅語などを出しましたが、それさえも戦後には消滅して今日に至っております。明治以来、神社は宗教の外に置かれて民間信仰として崇められましたが、キリスト教に対抗するような教義がありませんから、――あるのは祭式だけです――西洋文明の生活を享受する日本人に対しては精神生活上はなはだ重大な問題を残しております。

学問を捨てたといってよい仏教の寺院にとっては、一切経蔵などはもはや無用の長物で、加持祈禱用の大般若経一部くらいを除いて、古経巻類は多く古物として売却されて民間に流出しました。これはおびただしい数量であります。

諸侯や藩校なども、その教養の目的が変わりましたから、和漢書は不用になって、蔵書として保有する必要もなくなり、多くは古書として売却されましたが、諸侯は、上等な骨董的なものは家宝的に残していました。それが昭和初年、十五銀行の破産事件で大部分が売りに出されました。学習院の生徒・児童も授業料も納められない状態を呈しました。その時、私の恩師諸橋轍次《もろはしてつじ》先生は、「社会の革命などわけもないものだね」と漏らされたのを覚えております。式守五楓先生は香道の達人でしたが、十五銀行事件のお蔭の売立てで香木がたくさん大名家の蔵から流出したため、よい香木が揃ったと言っておられました。

公家の中の学芸の家は、それで身をたてて行く家学を継続することもなくなりましたから、菅家の子孫の東坊城家なども明治になるとすっかり売り払ってしまいました。ほとんど成簣堂に入っております。最も伝世の漢学書を残していた清原家なども次第に手離して、今度の敗戦で全部家から離れてしまいました。

歌道の冷泉家なども関白秀次などに少しゆさぶられ、江戸初期にも前田松雲公などにも懇望されましたが、俊成・定家以来のものをずっと大事に守り続けていました。戦前、明月記を老伯爵に見せて貰った話は前に漏らしましたが、嗣子為臣氏は国学院に学び、蔵内の調べをして善本の目録を整えていました。そして、昭和十六年二月に定家卿七百年鑽仰会を開催して、記念に二十五点を展示し、その目録を『定家卿筆跡集』と題してコロタイプ刷りの図録を会員に配りました。私はそれを見にも行き、目録も手もとに保存しております。それには『明月記』六巻以下、俊成・定家父子合筆の『公卿補任』、天福本『拾遺和歌集』、『恵慶集《えぎようしゆう》』上巻、『江帥集《ごうのそちしゆう》』、『前斎院摂津集』、西園寺公経の消息に定家が歌句などを書き付けたものなどが紹介されています。為臣氏は、最も大事なものの目録を作成していたことは間違いないと思います。

為臣氏は不幸戦病死して、後は妹さんの夫君で銀行員とかの何もわからぬ人が保有していました。それが戦後の竹の子生活のため、家で大事な細川庄の「譲り状」を始め『源氏狭衣歌合』『拾遺百番歌合』——この二つの歌合の存在は、昭和初年入江《いりえ》相政《すけまさ》氏が東大国文科の卒業の論文を書く参考資料として親戚なので見せて貰った由、じかに聞いたことがあります。『山家心中集』その他幾多の定家自筆本が流出してしまいました。現在最善本の目録は残っていないとのことです。皆売ってしまったのですから、目録など残すわけはありません。しかも内緒で売りますから、小さな骨董屋の扱いで、それが転売されて高価になったようで、当主の手にはわずかなものしか渡らなかったと思います。最後に銀行の負債を償うため『明月記』を売りましたが、それは村口四郎君が直接求めたので相当な価でしたが、その前から村口君は、仲間の小骨董屋と連絡が付いて、持ち出した品物を内見して、それを見ると「先生、こういうものが出ます。いかがなものでしょうか」と私に尋ねたりしました。村口君も勘が働くだけでやっているので、その場で即決できれば、名品が安く手に入るのですが、即座に鑑識ができないから踏み切れないのです。そういうことの終り頃に「西行の手紙十五通、『新撰髄脳』と称する枕のように分厚い一冊を見せられたのですが。」と告げましたから、かねて『新撰髄脳』は昭和極初期、中谷幸次郎君がよく調べていて、私は、世に流布している『新撰髄脳』は薄っぺらなものですが、それはごく一部の抄本と見ていました。必ず大部なものがあるに違いないと予想していましたから、果たしてそれがあって出て来た。原本に相違ないと思い、すぐに買って来るようにと返事をしましたが、買いに行ったらほかへ売ったのか、村口君の手には入りませんでした。寡聞にしてそれがどこにあるかは知りません。

為家自筆の『土佐日記』もそうして流出したものの一つです。このようにしてたくさんの珍宝が随分つまらなく流出してしまったものです。これほど馬鹿馬鹿しい流出も例が少ないことです。第一、戦後暫くの間は食料・衣料ははなはだ不足で、砂糖なども台湾を失って欠乏しましたから、昭和初年には一銭か二銭の饅頭餅菓子がベラボウな闇値になりました。現在もその基準で値が上がって、一個数百円、これは万倍以上になっています。古書は近頃になってやっと回復に近付いていますが、戦後から暫くはせいぜい十倍でした。――戦前、百円と言えばかなり高価な善本で、学者風情では容易に手が出ません。それは月給の額ぐらいですから、奮発して十円か二十円の善本を求めるのがせいぜいでした。それでも目が利いておれば掘出し物はたくさんありました。戦後のインフレ生活で私は勤めに出ておりませんでしたから、一家を養う竹の子生活で、研究のすんだ資料（古書）を手放しましたが、かなりの善本もわずかな価格でしか売れず、みすみすつまらぬ思いをいたしました。

豪農・庄屋などは、書画・道具類などはありましたが、蔵書はほとんどありません。今残っているのは年貢の書類のようなものです。商家も上述のように政治体制の変革で、商売の株を持って店を構えて代々営業していた特権を失って、立ち行かなくなった者が多く、道具類を売却しました。蒔絵の道具類などは外国へどっと流れて、香道具のたぐいはこちらにはほとんど残らぬほどの有様です。アメリカへ随分行っているようです。それらは一見美しく一寸上等程度の品で、光悦・光琳など飛び抜けた品は少ないのであります。大英博物館などにたくさんある日本の美術工芸品と称するたぐいも大方この程度のありふれたものであります。

浮世絵版画も実にたくさんのものが海外に流出しましたが、明治維新以来流出したものは、実は「浜《はま》行き」と称して新しく模造されたものが実に多いようであります。それをやっていたのは小林文七で、彼は陸軍省参謀本部の日本地図の精密な測量図の印刷を一手に引き受けていましたが、かねて「浜行き」の浮世絵版画を模造していたのです。江戸時代からの生き残りの職人を督励して盛んにやりました。そしてその原画をたくさん所蔵していました。応永二十四年（一四一七）に出版された『融通念仏縁起』なども所持していて、おそらく古版画なども多く手もとにあったと思います。広重や北斎のようにすぐれた版画を新作するのではなく、原画があるものを模刻する仕事は、全く技術的には江戸時代の延長で、料紙、絵具など些少の変動もない。ただ正直にいえば、五十年・百年の古びはないが、保存がよいと見れば何のこともなく、土産物的に海外へ出て行く分なら格別の問題はありません。おそらくわが国の専門家といえども真の分別は難しかろうと思います。ことに明治初年からほとんど百年経った現今ではなおさらで、その上、海を渡って欧米へ行ったものは変色もあるということになればなおのことです。これは、実を言うと浮世絵版画の研究上、第一の難問題のはずで、余程目を利かさなければダメであります。

この「浜行き」の話を私に教示されたのは帝国図書館におられた鹿島則泰《かしまのりやす》翁で、私が学生の頃お目にかかった時は、図書館の貴重書室に毎日詰めてはおられましたが、半ば隠居さんで、江戸士民の生活を画いた絵巻などを拡げて様々耳新しい知識を与えられました。その折に、小林文七の「浜行き」の話も出て来たのです。「浜行き」はいわば内緒の話ですが、買い入れる向こう側でも、美術工芸品など中国からもたくさん輸入しますから、古物には付き物の模造に対しては注意するわけで、明治初期にも偽（にせ）を摑ませられぬようにと留意した話として、これも市島春城《いちじましゅんじょう》先生から聞いた話があります。前に一度書いたこともありますが、小さい物は偽も作りやすいが、大きな障屏画（屏風）のようなものならやらぬだろうと、――これはボストン美術館の館長の話とのことですが、買い求めたところが、それが偽だったので驚いたというのです。この話はもう忘れられた今の時代ですが、先年、ボストン美術館の障屏画を日本へ持って来て見せるという催しが上野の松坂屋でありましたから、興味を持って見に行きましたら、果たして、これはと思う物は一つくらいで、私の見るところ、師宣程度のものは、大方感心できなくて、どこにでもある普通品は江戸時代出来《しゅつらい》のものという陳列品でした。日本の江戸時代の美術工芸品の代表というようなものではありませんでしたから、市島先生の話はなるほどと諾けました。古老には何でも聞いておくものだと思ったことです。

ここで、「浜行き」を私に聞かせて下さった鹿島則泰翁のことを言い添えます。則泰翁は鹿島神宮の神官の家の出で、父君則文は維新の際勤皇の士で、幕府のため八丈島へ流されました。流人の生活中、島人に産ませたのが則泰翁で、長子ですから島太郎と命名されたということです。宮司を継がれましたが、古い家柄の出で、父の血を引き一旦は政治家を志して選挙の地盤もあり、実績も持っておられたようで、そのため社会に対しても目が開け、物の考え方も幅があって酸いも甘いもかみ分けた、単なる学識者ではありませんでした。後には弟に宮司を譲って家を出られました。父君則文は明治の世になって伊勢神宮の大宮司となり、『古事類苑』編刊などのよき大事業もされました。『古事類苑』は大部な内容も整った編纂で、小中村清矩《こなかむらきよのり》・松本愛重など篤学の士を動員してよくできています。『古事類苑』を利用して、篤学な物知り顔をしていた私の先生もあります。教科書の教師用参考書などを作るにはもってこいの原拠です。——これに類した『広文庫』は後からできたものですが、どうしてああいうものになったのか、自分のために作ったにしても、私は余り役には立たぬ内容だと思います。こんな感想は今初めて漏らすのです。

鹿島家の「桜山文庫」（桜山は鹿島家の住居の地名）にも多くの善本を蔵しましたが、半ば流出しました。しかし、今も善本が残っているようです。また、赤堀又次郎は則文の女婿で、東京帝国大学の国語学研究室の助手となり、若くして『国語学書目解題』を編刊した篤学の士で、松井簡治先生は、その所蔵の書物を全部集めるつもりで骨を折ったが、少し集まらぬものがあると言っておられました。その一つは『蜆縮《けんしゆく》涼鼓《りようこ》集《しゆう》』だと聞きました。しかし、戦前私は市場で二つ見付けました。安田文庫の分は焼け、龍門文庫の分だけ残っています。赤堀氏は『文明本節用集』を蔵していて戦後市場に出て帝国図書館に入りました。もと桜山文庫のものであります。則泰翁は東京帝国大学におかれた古典科の出身で、神宮をやめて後、帝国図書館にあって、和漢の古書や江戸文化の資料などの尤品を集められました。明治年間に、東京帝国大学の図書館と競って蒐集されたようで、東大の方は惜しくも大正十二年九月の大震災で焼失してしまいましたけれど、予算が多かったせいで、東大の方が江戸の絵入り版本類ほか江戸物はことに内容が豊富であったようですから、松廼舎文庫の焼失とともに帰らぬ研究資料の喪失であります。鹿島翁は集書に努めていた時、徳富先生と争って、『前関白秀吉公御検地帳の目録』『朝鮮国御進発之人数帳』などを帝国図書館で落札したと話しておられました。まだ少しは手もとに珍しいものを残しておられたようであります。

「浜行き」の話はもう一つ突っ込んだところまでは遠慮して伺いませんでしたが、私の当て推量では、翁自身が小林文七に、よい意味で復刻の基になる資料を教示されたり提供されたりということがあったのではないかとも思います。絵本や浮世絵版画なども江戸時代からお宅にたくさんあったでしょう。それ故、軟硬ともに広く深く心得ておられ、座談的なお話の面白さは無類と言ってもよろしく、市島春城先生もごく軟らかい話などを加えて座談は巧みでしたが、私は鹿島翁の座談の内容の面白味と有益さに軍配を挙げたいと思います。鹿島翁は書物に書いて残されませんでしたから、その方の著述を出版しておられる市島先生が随筆家として世間に知られているのです。

しかし、両先生とも、私に対して、この若者に古い話や経験談を伝えておこうというお考えがあって、格別に語り聞かせて下さったものと有り難く思っております。

ここに集書、蔵書については特に注意すべきことがあります。それは江戸時代から言えることでありますが、――あるいはもっと昔からもその傾向にあるとも言えましょうが、蒐集というものは、それを行う人間一代限りという傾向があって、父子代々相続するということは稀であるということです。江戸初期の著名な諸侯の蔵書家脇坂安元もその例で、わずかのものが例外的に子孫に伝わったに過ぎません。大学頭の家柄であった林家は代々血筋が続いて例外ですが、学儒も多くは一代限りで、屋代弘賢や柴野栗山のように阿州侯へ買い上げて貰った例もありますが、大方は没後に散じました。世襲の諸侯などでも、治国のためもあって読書に勤め、自然典藉を蒐集することもありますが、自己の好みもありますから、有益で貴重なコレクションを後に残しても、後継者にとっては、それがそのまま必要というわけのものではありません。むしろ無用の長物と思って尊重せず、払ってしまうということになりがちで、尾州家や水戸家のように、代々御書物奉行が継承して守っている例は少なかったのであります。

現代でも大方は全く同様であります。しかるべきところへ寄附でもすれば、それはよい方で、遺産の一部として売却するのが一般です。売却すれば、また好きな者の手に渡って大事にされるから、書物は仕合わせかもしれませんけれど、蒐集した蔵書は、その人物を表すものでもありますから、せめて蔵書目録でも残ればよろしいが、それもなくて消えてしまうということは残念に思われます。後で申し上げますが、安田文庫もその例に漏れません。これは全く私の不徳のいたすところと故人に対しては申し訳なく、慙愧に堪えません。

それにしても、私がただ今集書の歴史の実体を具にお話ができますわけは、三つあります。この三つは、私のほかにはどなたもやらなかったことです。その第一は、お役目でなく、自分の学問研究に必要を感じて誰にも教わらず、学生の時（大正の極末年）から全国の公私の主要な図書館や古社寺、蔵書家などを探訪して古書を見せて貰ったことであります。その頃は学生でそういう勉強をする者は一人もおりません。学生はおろか専門研究家にもおりませんでした。六十年以上経った現今の様子と比較して、全く今昔の感に堪えません。昭和初年頃は、誰でも見られるはずの官公立の図書館でも、洋装の一般社会教育用の図書と違って、不思議に古書の方は見ることが容易ではありませんでした。

忘れもしません、京都大学の附属図書館へ館長の新村出博士に紹介状を貰って初めて行った時、司書官の山鹿誠之助先生に面接すると、いきなり言われたことは、「ここは京都大学の者のための図書館で他の学校の人に見せる所ではありません」の一言でした。はなはだ官僚的で、原則としては貴君はダメと言うことです。後には大変親しくしていただいて長い間お蔭をこうむりましたけれど、何しろ不慣れで未熟な若輩ですから驚かされました。大学生ならまだしも、研究などには縁遠いと見なされている官立の中等教員養成を目的とする一専門学校生ですから無理はありません。その頃、私はどこへ参上しても、世間慣れのしない学生の無鉄砲で、ただ熱誠で懇請するほかはないと思って、一所懸命でした。

こうして、あらゆる骨折りをして、学生の間（昭和七年三月に大学卒業）に和漢の古書のある全国の主要な図書館・文庫・古社寺などを一通り探訪しました。その間にそれを体系的にまとめるテーマを摑むこともできました。また東西の古本屋をのぞくこともやって、乏しい小遣いを割いて掘り出し物をしたこともありました。けれども、折角よい本と思っても、みすみす見逃さざるをえません。阿堵《あと》物《ぶつ》がないからです。購書の方は、その後、安田（二代善次郎）さんのお手伝いをさせていただけるようになって、仕合わせにも自分の働きを思う存分発揮することができるようになりました。

安田さんは父君（初代安田善次郎）の特別な教育観から、中学校へ進学する代わりに、独自に各方面の一流の権威者を招いて教育を行うというやり方でした。書道なども多田親愛さんに就くという具合です。謡を宝生九郎に学ばれたのもそのためでしょう。当初から大財閥のよき後継者として養成されたのであります。ですから万事、自研自修の道を進まれたと思います。小学校の帰り道から古書を求められたというのもそのためでしょう。古書に対しても何でもよく御承知で、目が利いておられますから、大抵の人にはお任せになりません。生涯に私のお出会いした中で、あれほど目の利いておられた方はほかに一人もありません。私がお目にかかった頃の安田さんは、御自身では古筆や古写経類を集めておられ、それらは骨董商が持ち込んで来ますから居ながらに集まると申してもよいのです。その頃時世が物騒になって、あちこちの古本屋へは御自身が自由にお出向きになれなくなったため、止むなく私のような若輩に代わりをおさせになるのですから、定めしお目だるかったと思いますが、私がやりよいように御配慮下さって、一誠堂を始め古本屋の主人たちに「若いけれど大したものだよ。君等も少し教わり給え。」などと私を引き立てて下さいました。

当時の古書の値段は、一冊千円以上というのは特別の珍品で、古版本では慶長勅版が一部一冊では最高で千円、ほかでは駿河版の『大蔵一覧集』などがそのくらいでした。一部千円までのものは、古本屋で目に止まると、すべて平河町の安田邸へ届けて貰ってお指図を受けました。

また販売古書目録が来るとその中から選んで点検して、何によらず購入することを許されておりました。ほかへ発送しないうちに、先に目録を送って来る古本屋もありました。目録に価格が付いているものはこちらで考えているより割高だと買いませんが、店で一見して求める場合には、本屋は自分たちが市場で扱うだけのことで、私から見れば文字通り管見です。これは天下一本の古版本で珍品ですからと高価を申しますが、私は日本中を探索してありますす故、これはどことどこにあって、珍しくてもそれほど稀少ではない。だからいくらくらいと値を付けます。安く踏み付けた値を言うわけではなく、いわば両為《りょうだめ》の値ですから、売る側も道理に納得するのです。安田文庫へ納まらなければ、ほかへはさばけませんので、結局、善本の値は私が左右している有様になっていました。本屋の方も珍しい物があれば、天下の安田さんのところへ納めたいと何によらず持ち込んで来ました。居ながらにして集まるわけです。その上、安田さんは全部現金払いにしておられました。これは誰にもできる芸当ではありませんが、商人にとっては最大の魅力です。第一高買いをしないでも済むことにもなります。

もう一つ、私が自由に全国の古本屋から善本を買い取れるようになって値段を改善したことがあります。これは研究者として最も重要な大事な点ですが、従来長い間、買う側も売る方もそれには無頓着でした。それは写本にも版本にもどちらにも言えることですが、同じ印刷装訂の本が多量に社会の要望に応じて提供される版本の場合の方がなおさら大切な点ですが、原装をよく保存して伝わっているものと、後世に改装されてしまっているものと、値段が同じというわけはないと考えたことです。いまさら説明を要しませんが、その両者は文化史的意義が全く違います。原装本は、それが製作された時代の文化現象を、如実にそのまま後世の私どもに認識させます。改装されていれば、その書物は半ば以上文化史的意義を喪失しております。貨幣価値に換算して大いにその格差があるべきは当然と思います。それで私は購入の際、それを主張して改装本は買い値を下げました。これは理の当然ですから、比較的速やかにその傾向になりました。私の主張は安田さんもすぐに賛成されました。江戸時代の絵入り本などは、手慣れた本が多く原装のものは少ないので、その意義はよく御承知でした。

大体珍しい本は残存が少ないので、本屋は綺麗に繕ってよさそうに仕立てることが多いのです。その一番簡単なのは「目直し」で、欠丁をごまかす方法です。刊記の一部を剝《は》ぎ合わせたり、他本の刊語を一丁綴じ込んだりもします。そうなると、これはもう立派な偽妄ですが、それらの偽造をかなりやっております。

昭和初年には、京都のH、大阪のSとS'とがそれをやりました。一番やったのはHで、杉浦丘園さん、高木利太さんの文庫などにいくつも証拠が残っております。私は一つだけ、大阪のSが他本の刊記を無刊記本の末に剝ぎ合わせた浄瑠璃物語の寛永十七年（一六四〇）刊本を安田文庫へ購入し、『古板本図録』（昭和八年刊）にも写真を登載して恥の痕跡を留めました。偽造をしても、こちらが発見すればやらなくなります。大袈裟に言えば、私がその退治役を勤めました。それらのことはまとめて、あるところで講演をし、それを印刷公表してあります。

私が安田邸へ出向かぬ日に、珍しい物を持ち込まれて、求める条件に合わず帰される場合に、参考に私にも見せておきたいとお考えになると、手もとに留めて置いて、伺った折に見せて下さいました。日が置けない場合だけ電話がかかって来ましたので、すぐに飛んで行きましたが、こういう次第で大変な眼福と勉強になりました。そして、その頃は研究論文も年に三、四十篇ぐらい発表しておりました。すべて時間をかけず早くやりましたけれど、いくら時間があっても足りない生活で、諸方へ駆け回るために一日中タクシーを利用しておりました。私の小遣いは全部タクシー代でしたが、そのため余人の幾層倍かの勉強ができました。その後も含めて、私ほど研究のために車を活用した者はあるまいと存じます。車のお蔭です。昭和八年から十一年まで四年間私の動静が、『書誌学』誌上に「読書観籍日録」として連載してありますから、幸いに若い時の活動の証左が残っております。戦後の現在、こんな忙しい世の中に、交通麻痺で車で飛び回われず、地下鉄が最も早い交通機関とは、何と不経済なことだと歎かわしい次第です。昭和初年の私の「読書観籍日録」を読んで、今の人がよくもこんなに活動できたものだと驚くのも無理はありません。私はよい時世に生き通して八十余歳に至りました。研究専念の私の微志を神仏が護持して下さったのでしょうか！　天運に恵まれました。

古本屋を駆け回って善本を集めている最中、昭和八、九年頃でしたが、ある日、浅草の浅倉屋で、たまたま長沢（規矩也）兄と落ち合ったことがあります。私が前に出された数十円から百円程度の本を幾冊でもドシドシ買う約束をするので、長沢兄は「驚いた」と驚きを声に出したりして眺めていました。何かの折に、その長沢兄が「安田文庫に孟子の古写本が三部ある」と書きました。論語に比して孟子の古写本は少なくて、市場へもそうは出ないのです。私はすぐに長沢兄に文庫には二部ですよと注意しましたら、「一部はそのうちに君が買うだろう」などと笑っていました。事実、そのくらいの善本購入の勢いでした。果たして孟子もその後すぐに買い求めました。

古本屋を駆け巡って善本を捜索するため、普通の雑本の山を崩して仕分けをし、本という本は何によらず手に取りますから、図書館の書庫で択ばれた蔵書内容を一見するのとは、また別趣の生の知識や感覚を身に付ける機会が持てて、これも他人にはできない芸当が味わえて、この上なく有意義でした。何でも買い取る客でなければ、そういうことはさせて貰えません。

前にも申しました通り、安田さんは、私どもなどよりずっとよく本はおわかりですから、私が未知で高買いをすれば、すぐに気が付かれます。任されて代理を努めるのですから、自分自身の物を求める以上に気を付け、信頼にお応えできるよう必死でした。

盛んに集めていると、仕入れる商人の方も一所懸命に奔走しますから、よい出物も次々とありました。いわゆるぞっき買いをする機会もしばしばありました。天下の安田さんも「後《あと》から追われるようですね」とおっしゃるほどでした。

大槻如電《おおつきにょでん》さんは、私がお手伝いに伺わぬうちに『仮名書論語』や何か古写本や古版本――皆、森立之の旧蔵書で、立之は狩谷棭斎のものを取り込んでいました――を持ち込んでおりましたが、大槻如電さんの没後、大槻家に森立之の遺蔵書がたくさんあることを私は知りましたので、大槻家（当主は茂雄氏）は浅倉屋と文行堂とをお出入りにしていましたから、二人に手引きを頼んで蔵を見せて貰いました。大槻さんは、蘭学関係の一類――戦争中静嘉堂へ納まりました――を大事にして、ほかの物は紙屑みたいなものばかりで、庫の中には安田さんがお入り用になるようなものはありませんと言われましたが、蔵へ入れて貰って見ると、なるほど古書を知らぬ方は紙屑と思うのは当たり前ですが、森立之父子の物はもちろん、渋江抽斎、市野迷庵、狩谷棭斎などの手沢本に満ちておりました。私は蔵の中でそれをドシドシ抜いて、文行子、浅倉子に運ばせて、大風呂敷に包んで三尺四方以上の大山二つになりました。私の即座の評価は指二本（二万円）です。これが第一回の引き取りで、後日また二回目の蔵入りをして補遺をさせて貰い、別に富山房の大言海編集室に持って行っている棭斎旧蔵の手沢本などを捜索し、都合三回のぞっき購入をしたことになりました。この時のことは文字を伏せて「読書観藉日録」に書いてあります。

第一回の引き取りの翌日、快晴でしたので、安田邸の裏庭の空き地に戸板を敷いて、湿気くさい本を乾しているのを安田さんは私と一緒に手に取って引っくり返しておられて「掘り出し物があるね」などと棭斎の自筆本などを取り出されてお楽しみでした。これらの書目は全部整理をすませて、清書をした墨書の一冊が手もとに残っております。

高木文庫の善本も、高木まさ子未亡人の御希望で、両度にわたってお引き受けになりました。その時の次第は『古活字版之研究』の私の「巻後に」の中に述べてあります。その中の『温故遺文』が焼亡してしまっただけでも残念至極です。

またある時、関西地方のＯ書店から、古版本に古写本を若干交えた善本二十部を一括三千円の指し

図28　安田文庫蔵書目（大槻家旧蔵部）

値で送って来ました。古版本には既蔵の分と五、六部重複しているものもあります。そのため、当方で欲しい物を抜いて、その評価をして返事をしましたが、向こうの指し値と多少の出入りがありました。しかし、結局は重複は後に払えばよいからとおっしゃって、本屋の言い値で全部引き取りました。その時も、安田さんが「貴方評価してごらんなさい」と言われますので、二十点に一点ずつ評価して書き出したものをお目にかけましたら、御自身でなさった書付をお出しになって、「大方合っていますね」と微笑《ほほえ》まれました。忘れ難い思い出の一つであります。

かように、自分が広く学問の幅をとって研究しようと志している私を、資料を限りなく自由に集めさせていただける立場に置いて、己が才能をフルに働かすことができるようにして下さった身の仕合わせ、安田さんの御恩、これ以上のことはありません。わが師諸橋先生は、常々学問は資料の問題だと私に申しておられました。それはよい資料をたくさん得られるか否かにあるという意味と思いますが、先生の研究「儒学の目的と宋儒の活動」の成ったのは、正に先生が漢籍の一大豊庫静嘉堂文庫を主宰しておられたお蔭に違いありません。多くの宋儒の著作を、文集に至るまで読破してでき上がった業績は、世の常の漢学者（いわんやシナ哲学者）にはとても及びません。

私の場合、この仕合わせな境遇におかれておりますのに対し、多くの羨み妬みを一身に集中して受けていたと思われます。安田さんのところへも色々言ってくる向きもあったようですが、世間をよく御承知で適当にさばいて下さったのは、何とも有り難い次第でした。世間の人も安田さんに何かお願いしようと思うと、私をお気に入りと見て利用しようとしました。けれども私は自分のこともお願いしたことはありません。何でも向こうから気を付けて下さったのです。他人のこと、金のことを一切持ち込まない、と安心して近付けて下さっておられるのに、それを破ってはと深く慎んで、一切他人のお取次をことわっておりました。

しかし将を射んと思えば何とかで、私を大事に親切に扱って下さる仁もたくさんありました。気を付けているっもりでも若輩の未熟さで、時にうっかりすることもありました。ある仁が、私が研究している古辞書の貴重な資料『字鏡集』の古写本白河本を、親切に車で私のもとへ運んで下さったので、そのことを安田さんに報告しましたら、そういうことはめったに口にされませんのに、「あの人は私の大嫌いの人ですから、その積りで付き合って下さい」と御注意を受けてお詫びいたしました。しかしながらその大嫌いと言われた方は、御自分がそう思われているとはお気付きなかったと思います。安田さんに接した方は、実際にはどう思われていたにしても、皆どなたでも自分はよく思われていると感じていたと思います。それがまことの長者の風というものでしょう。

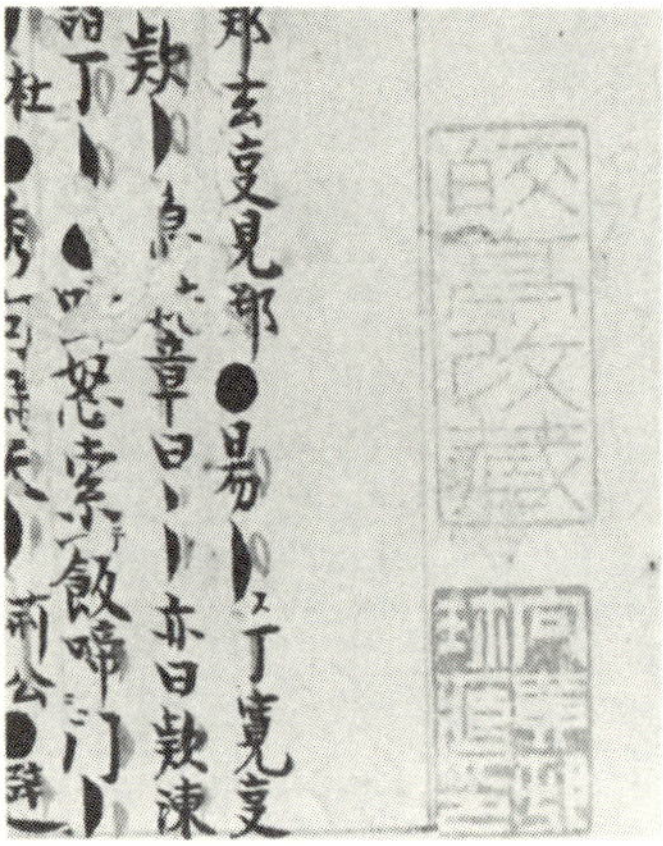
図29　内野皎亭・向山黄村蔵書印

私が安田さんと初めてお目にかかったのは、神田神保町の村口書店の店先であります。私が店内で書棚の本を見ていますと、匂うような紺の洋服を召した年配の紳士が入って来られました。村口の主人（半次郎）は平身低頭うやうやしくしておりますと、その方は何か少し話をされてすぐに出て行かれました。私は待っていたようにして「今のはどなたですか」と聞くと、「あれが安田さんですよ」と言います。私はその少し前頃から村口へは時々行って主人と話をしていましたが、すぐ隣の松雲堂へは諸橋轍次先生の関係でその前から立ち寄っていました。松雲堂は本来は漢籍が専門で、もとは松山堂の番頭で、近くの山本書店の主人とは同じ店で兄貴分でした。村口は夜は大塚の自宅へ帰りますから留守番の若い店員だけですが、松雲堂は店を張っていますから夜分も店へ出たりしています。その松雲堂でお目にかかるようになったのが内野皎亭さんでした。

内野皎亭（五郎三）さんは千葉県人で、若い時、塾で新村出先生を教えたというのが自慢で、もとの姓氏滑川《なめかわ》、令兄は澹如《たんにょ》と号して三井家御出入りの書家、手は立派でした。内野さんは漢学の素養があるので漢籍を主とした蔵書家で、官版の書目なども編刊しております。それが田中光顕さんが株で損をしそうになったのを扶けたので、――表面は田中さんの『桜田義挙録』の出版を扶けたためとなっていますが――古書好きというので、田中さんが最後まで手もとに残していた善本――承暦四年（一〇八〇）の墨書がある平安朝現存最古という摺経一軸、切支丹版『太平記』、市橋長昭幕府奉献宋元版三十部の一の宋版『中庸』、その他すべて十七部を内野氏に贈呈しました。その十七部には特に澹如の印刻「明治庚戌十月晦青山田中貴爵所賜古本十七種之一皎亭内野悟珎蔵」を捺して、大切に珍重し、各書の奥書などを皆諳じていました。

その中の一本に『徒然草寿命院抄』（慶長九年・一六〇四刊、古活字本）があり、私が静嘉堂文庫の正徹自筆本『徒然草』を研究して、重要な異本であることを解明して活字に翻印したついでに、併せて『徒然草』の注釈書の研究をも行い、『寿命院抄』は在来慶長六年（一六〇一）奥書本を最古本と誤認されていたのを、九年刊本が最初の刊本なることをも明白にしました。松雲堂は、内野さんが凸版会社にも関係しているのを利用して、凸版印刷による『寿命院抄』の複製を企てました。

内野さんは麴町富士見町に居を構えて、毎晩夕食後の散歩に九段坂を下りて神田の古本屋へ雑談をしに来ていましたから、松雲堂が誘いをかけた次第でした。私の方はまだ学生で気楽に利用しやすかったのだと思います。しかしながら私が古書あさりをするようになると、隣の村口の方が善本に富み、当時は古本商の頭株でしたから、そちらへ傾いたのは自然の成り行きでした。松雲堂についてはほかに言うべきこともありますが、それは別の機会にして、さて、村口はそれ以前に和田維四郎《つなしろう》（雲村）

にうまく結び付いて一人占めにして、数年の間に古本屋の巨商とも言うべき地位を獲得しましたが、どうも一手にすがるお客様がいないと心淋しいと漏らしていました。和田氏の後を安田さんに狙いを定めていたようですが、安田さんをその目標として射落すことは難しかったと思います。村口が一応承知している安田さんは、まだ部屋住みの松廼舎（文庫）の蔵書家の安田さんで、後に安田家の棟梁となられた四大財閥の氏の長者の安田さんの実体を、うかとしていて知らなかったと言えましょう。大正の半ばに村口がうまく取り付いた和田維四郎（雲村）は、憲法以前の農商務省鉱山局長の役職にいて、藤田組や三菱に有望な鉱山を払い下げて、その見返りに両方から一生多額な小遣いを貰って暮らし、年を取って茶屋遊びから古書買い遊びに転じた人で、『江戸物語』などを作りましたが、『訪書余録』なども全部高橋微笑の編著です。ですから私からそれを聞いた長沢兄なども、高橋というのは相当な者ではないかと驚いておりました。——余談ですが、珍しく上京して来た京都の鈴鹿三七さんに案内されて、その高橋さんの市ケ谷仲之町の家を尋ねたことがあります。二階屋で見晴らしのよい大きな構えでした。私はお二人の昔話を傍らで聞くだけでしたが、格別耳に残るような話は覚えておりません。その時鈴鹿さんは古短尺影譜の編纂のため写真を集めに上京したと思います。

和田雲村が、古書を買い始めて村口を知りましたが、私の推測では、村口に「洒竹文庫」の蔵書がまだたくさん売れ残っていたので、それが雲村の知るところとなったからかと思います。村口は雲村の購書を一手に扱って、ほかの古本商を寄り付けぬように努め励んだと言います。隣の松雲堂が表の戸を開ける頃には和田邸へ祗候《しこう》して帰宅して来たとのことです。雲村は、岩崎・久原両文庫へ購入する古書の中に自分が欲しい物があると手もとに残し、それは後に「雲村文庫」として岩崎文庫に買って貰いました。体のよい二度取りです。それは半分久原文庫へ遣らなければならぬはずのものですが、久原は破産して最後は購入費を出しませんでしたから、岩崎文庫の方へ皆行ってしまったのでしょう。しかしながら、岩崎文庫と久原文庫の蒐集として残った内容は、金の力を主として買ったものとはいえ、奮発して集めましたから豊富な善本の山であります。その間に得をしたのは、その関係者というわけでしょう。

京都竹苞楼《ちくほうろう》へ亀田次郎先生と一緒に訪れた時、亀田先生は自分が平素、店主（先代）から聞いた裏話を私の前で厳しく確かめますが、店主は私に遠慮して言葉を濁しますのを押し返して、君は度々こう言ったではないかなどと責めておられ、傍で聞いていた私には大方の話はほかのことからも察知できました。古書善本の購入にかかわると利が伴いますから、生活のため色々のことが起こりやすいものであります。その間に身を潔く保つことははなはだ難しいことです。

ここで一寸、名と利との問題を論じておきたいと思います。松井簡治先生は、私が東京高師の生徒になった時から個人的な指導をこうむっている時――お宅へ参上して話を伺うような場合に、「人間は名を追うか、利を求めるか、いずれか一方しか得られぬものである。学問の研究は名を追う立場で、利を求めるなら実業に励むべきである。」という教誡を繰り返し諭されました。これは俗世界の定めであります。研究資料として古書を買い求める学者と古書を鬻《ひさ》ぐ古本商とは、古書を真ん中に置いて向かい合いの関係に立ちます。もし学者が利を求めれば、名を冀《ねが》っても大した学は成就できません。商売が利と名をともに得ようとしても同じことであります。古本商の場合は、利を求めるためには商品なる古本の知識を学ばなければなりませんが、それは借り物の知識で足りるので、商売道具に通ずるのが目的です。真の研究をする目的ではありません。真の学問研究はそんな程度ではできません。

私が敬意を払っていた文求堂田中慶太郎さんは、大学のシナ学者の先生方よりも遥かに漢籍を知り、シナ文化に通じ、シナ語も達者でした。長沢兄などは学問上のことでも何でも専ら文求堂を頼っていて、私はおかしいくらいに思ったものですが、頭脳は法科の域です。すぐれた商売人としての名は考えていたに違いありませんが、学者が追い求めるのと同じ名を考えることなく、利に命をかけ、商売人として利を追うことに徹していました。ただ、本が好きですが、自分の趣味として明版などの一冊物の変わり本を集めておられました。私と生を同じくした時代の古本商の中には、利とともに学者と同じ名を求めんとした商人を見ましたが、そういう仁の行動は、利を専ら追う商売としてのよき名も失うのではないかと思われます。

和田雲村とは違って、安田さんは幼少よりみずから古書をお集めになり、審定眼もすぐれておられますから、古本屋が巧みに目を眩ますわけにはゆきません。しかしながら、村口半次郎は和田雲村の時に、久原文庫購入に京都大学の先生方――しかし、村口は内藤（湖南）先生だけは無関係と言いました――を間にいれてうま味があった手口を、安田文庫の購入に私を利用しようと企んでいたと思われます。そのことを私はあることからはっきり知りました。村口は私を利用できないと知ると、最初は私のことを島田翰《しまだかん》にも勝る天下の鬼才などと讃め上げていたのに、手のひらを返して、こともあろうに「あの人はリベートをやらないと本を買ってくれません」などと言いふらすようになりました。ほかの多くの古本商は私の実体をよく知っていますから、村口らしいと笑って済ましましたが、三村竹清翁などもそれを耳に挟んで「村口は少人《しょうじん》（商人）だから」などと私に言われました。竹清さんも商人です。

私が村口と無条件の付合いができにくくなった端緒は次のようなことがあったからです。

村口書房主半次郎（先代）は、昭和初年には古本商中の雄となっていましたが、商売としていささかの利をも追い求める商魂は逞しく、その点はむしろ感心すべき点と言ってもよろしいのですが、私は次のようなことから、商売としての彼を戒心するようになりました。また彼もそのことから安田さんの信用を落したと感じたでしょう。私を安田さんに利用する途《みち》もまたダメになったと思って、私に対して一転悪声を放つことになったのだと考えます。これは対人関係で最も悲しむべきことですけれど、止むをえません。日時はさだかに覚えませんが、ある日、村口の店へ立ち寄って見た物の中に土佐版の『万葉集』がありました。値ごろの本があったら安田文庫へ納れておきたいと考えていましたから、値を聞くと百五十円と申します。百五十円は少し安いから買っておこうと思って、ついでに届けるように言いました。そして、そのことはすぐに安田さんに報告しました。ところが数日経って伺うと、「昨日村口が本を届けて来て、値段は二百円だとのことなので、川瀬君からは百五十円だと聞いていると言ったら、村口は「それは川瀬さんのお間違いです」と言った」とおっしゃいますので、「あの本は百五十円なら安いと思ったから買っていただくことにお願いしたのでございます。二百円ならお願いいたしません。」とはっきりお応えいたしました。すると安田さんは「仕方がない奴だ」と吐き棄てるように苦笑しながらおっしゃいました。安田さんにも村口の正体がはっきりおわかりになったと思います。

安田さんは、御自分が打ち込んでおられる大事な道ですから、——お若い時から何でもなされる境遇でしたから趣味の多方面な方でしたが、後半生安田家の棟梁となられた頃には古書と能楽との二つにしぼっておられました。私が若輩ながら両方やっていたのが幸いでした。私が能楽も狂言の方に主力をおいていたのがよかったのです。能の方はとても安田さんには及びもつきません。今頃なら少しお相手が適ったでしょう——人任せにはなさいません。直接お確かめにならなければ、他人の推薦などで、手もとの蔵書の整理、まして購入の代理をさせるというようなことをおさせにはなりません。現に私でも自分が希望するものを買っていただけるようになったのは、私をしばらく見ておられた後のことです。

安田さんは、私がお目にかかった頃は、関東大震災の後で、松廼舎《まつのや》文庫は全滅し、若い時から蒐集なさった歌舞伎中心の江戸物は二度と集まらず、その上、もと集めた時の値段を考えられるとバカらしい高価なものになっているなどで、古書蒐集の目標が変わっておられたようで、その上、松廼舎の分家の身分が、桐廼舎《きりのや》という本家の棟梁となられて、四大財閥のお一人として押しも押されぬ地位を占めておられたこともおありだったのでしょう、古筆や古写経に目を向けておられました。ですから古美術商のお出入りが多くなっていました。古書の方も古版本・古写本などを主として、それで、文庫復興の一拠点として西荘文庫の出物の一括買いをなさったと思われます（巻末附録に掲出）。ですから私が学生生活の最後の頃にお目にかかった時には、古筆・古写経類も前からの蒐集家に劣らぬ名品を少なからずお持ちになっておられました。ですから私が乏しいながら、もしもそちらの方のお相手ができなかったら、お用い下さらなかったと思います。

私は小学生の頃から上野の帝室博物館や赤坂の大倉集古館などへも行っております。どちらも震災で焼失した建物を覚えていますが、練瓦造りのため震災でダメになり、大倉集古館は火で全滅しました。大倉集古館は今のホテル・オークラのところにあった宏大な建物で、シナのあらゆる古文物がぎっしり並べてありました。しかし、観覧者はほとんどおらず、シンと静まりかえっていました。掛りの人が私のような子供が来たのが珍しかったのでしょう、堆朱の室で作り方などを詳しく聞かせてくれました。私は赤坂表町の生まれで、近いところなので連れて行かれたのです。博物館は、赤練瓦の二階建の本館は長大の建物で、右側は鉤の手になっていて、そこに時代衣裳の等身大の風俗人形などが並んでいました。震災で崩れたので建物は取り払われて、今の本館が復興するまで長い間表慶館だけになっていて、震災後でもすぐに特別の催しの展示などがあり、中学の上級生になっていた私はよく見に行きました。佐竹家の「三十六歌仙」（二巻）が売却のため切り離されることになった記念に、全巻を延べて見せるという最後の機会に見に出かけました。大正十三年と思います、表慶館の二階でした。また、これは東京高師の国語漢文科の生徒になってからと思いますが、厳島の「平家納経」の模写ができ上がったので、記念に原本と模写とを対照して展観したのも見ております。古経を陳列して見せる大蔵会の催しも毎年必ず見ていましたので、成簣堂文庫の五山版なども、本郷の仏教青年会で一見し、徳富先生の講演も伺いました。関西の大蔵会も見に行きました。そのため、そちらの目も幾分は養われておりましたから、安田さんのお相手も何とかできたのではないかと思います。文庫のお手伝いをするようになって間もなく、ある年の大蔵会を見に行きましたら、「善意」発願天平十九年（七四七）書写の「大般若経」の奥書が後の模写の妄補でした。――善意は玄昉の在唐の際の弟子で、帰朝の時随行した僧です。天平経の中では名物になっております――それは、奥書のない「大般若経」の離れの別物の一巻を利用して工作したものに相違ありません。この奥書の妄補かと思うものを前にも見た覚えがあったので、またあったと気が付いたのでした。その大蔵会を見た報告を安田さんに申し上げますと、その次に伺った時、懐から一枚の紙を取り出されて黙って私の前へ置かれました。それは善意の奥書の模写でした。何も伺いませんでしたが、それは多分手鑑か何かに張ってあったものではないかと思いました。

また、「絵因果経」の切を七行と五行との二枚を御所持でした。ある時、それを見せていただきましたが、私は五行の方は間違いないものと見ましたが、七行の方は精巧なる模写と気が付きました。第一、料紙が違います。それは古い唐紙を使っていました。文字は形を「かご字」で丁寧に原本通りに書いて、その囲いの中を墨で埋めて行き、字形だけは天平の書風にでき上がっております。しかし全然筆力がありません。恐らく写真に撮ればわかりにくいでしょう。昭和の初め頃でも絵因果経は一行二千円と言われていました。——その頃三村竹清さんが、昔知らずに買った五行の切を手離したという話を文行堂から聞きました。私は七行の方は巧妙な模写ということを即座に申し上げましたが、安田さんはすぐにお認めになりました。これは余程目の利く方で、できた方でなければそうはいきません。飛び切りの大財閥の方だからだと思います。石井光雄さんの善本書目に、指定品でも何でも私は思った通りの鑑定で遠慮なく解説しました。ところが、でき上がって各方面に贈呈する際に、石井さんはこの書目にはこう書いてあるが、それは違っているという一札を印刷した紙片を添えて出されました。石井さんの善本書目は凸版会社が全費用を受け負いましたから、間に入っておられた勧銀理事の野口信二氏には御迷惑をかけました。けれども大抵の方はそんな程度のものです。

話が横道に入りましたが、私がお手伝いに伺うようになる以前に、自薦他薦で売り込む人も多かったようです。前述のように、村口は下心があって私を熱心に推したと思います。余り熱心に勧めるので引見してみようとお考えになったことは事実かもしれません。けれどもそう簡単にお決めになるようなことはないと思います。

長沢兄がずっと以前に『古書通信』に書いているのを、最近になって著作集に載っているのを見たら、長沢兄は、幾人もの人が私を安田さんに推薦したように書いているのを知りました。私は長い間『古書通信』を見る必要もないので目を通すこともなく暮らしていましたので、そんなことを長沢兄が書いていたのも知らずにおりました。私と親しくしていた長沢兄がしゃべっていることですから、読者は信用するに違いないので、はなはだ迷惑と思いましたが、致し方がありません。

長沢兄は、もう少し実状を知っているのかと思っていましたが、私もその辺のことも話したことはありませんでしたし、その上、昭和十年以来安田さんを中においた私と兄との関係は必ずしも円満ではありませんでしたから、客観性を欠くような見方になったのかもしれないと察します。しかし、長沢兄の記述は、あれは「私が推挙したからよい具合になったのに」とでも言いたい幾人かの先輩があったことを私に教えてくれました。もしも『古書通信』が出た時にすぐに私が読んだとしても、その時、先輩たちの言うことは皆違いますと反論してみても致し方のないことであったと思われますから、自分が誰にも恥じず、まして直接安田さんに申し訳ないことさえなければ、よろしいと思っております。世の中というものは難しいものです。人の世のことは死ぬまでわかりません。

世間の人は、安田さんは大富豪でお気に入りであったのだから、私が金品の上でどんなによくして

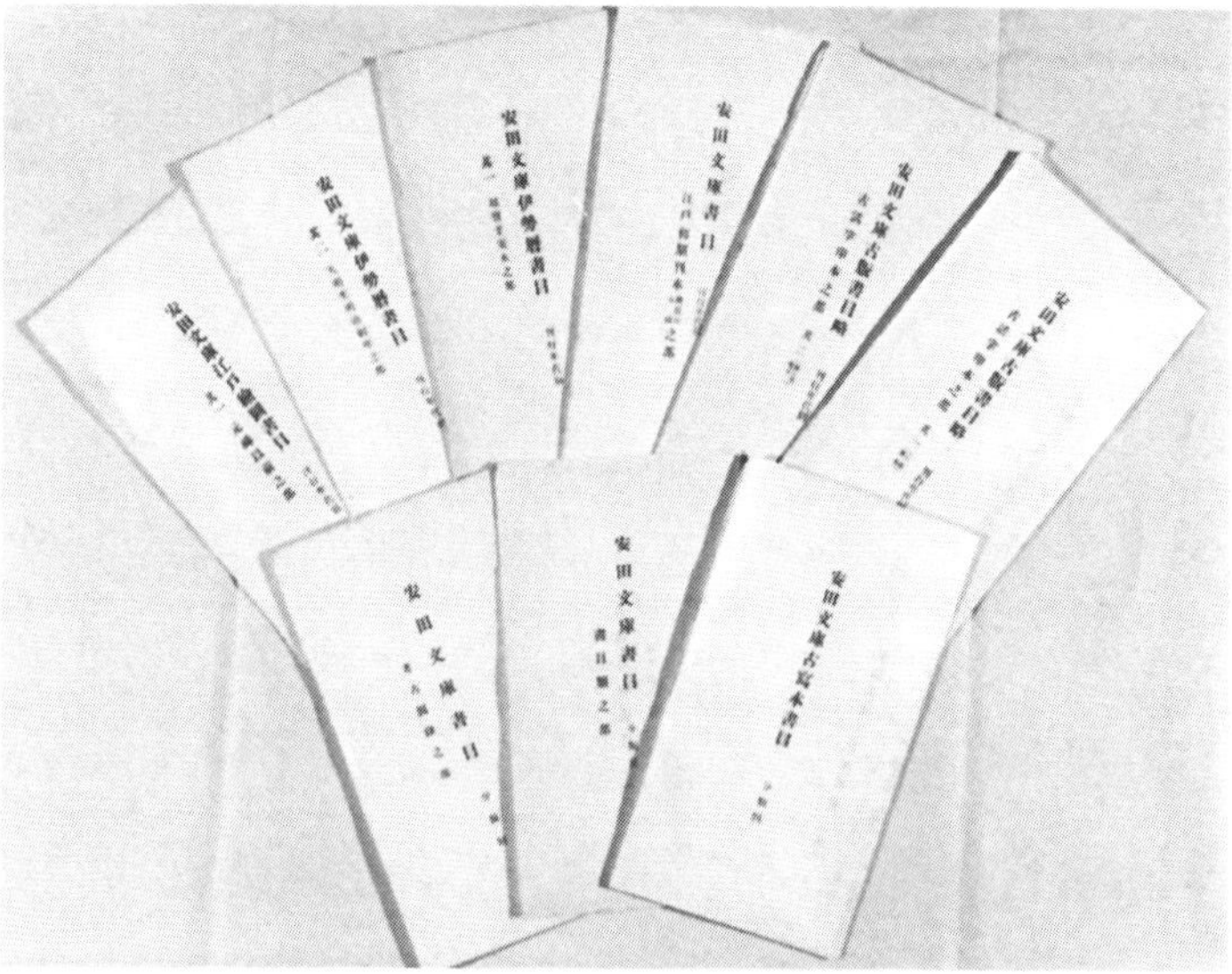

図30　安田文庫書目（一枚刷大判書目九種）

いただいたかと思っているようですが、――もちろん私は金品以上の莫大なものを身に受けておりますけれど、安田さんはムダなことは一切なさいません。正確な日時は覚えていませんが、私が安田邸の仮書庫ともいうべき邸内裏庭の一隅にある建物の中に、安田さん御自身に導かれて初めて足を踏み入れたのは昭和六年のことです。それから昭和十一年の十一月、にわかに亡くなるまで六年間ですが、私は全く心安らかに一つもムダのない充実した活動をさせていただきましたから、一生分をその間に果たしたような気がします。誰にもやれない全力投球の働きをすることができました。

一週間に二日伺うことにいたしましたが、お昼のお弁当をいただくほかは手当を頂戴せず、目録カードを作り、善本の解説を草する仕事を書庫の中でいたしました。解説の一部は『書誌学』に印刷公表してあります。ほかに善本や特別に蒐集したたぐいのものの目録なども編んで、内輪で承知するためのメモ代わりに、一応の整理をした一枚刷の分類一覧目録なども印刷しました。

中食にいただくお弁当のことですが、最初は、近くの最寄りの店から取り寄せたいわゆる店屋物をいただいておりましたが、ある時、書誌学会の例会の時に、三村竹清翁が「先日、安倍能成《あべよししげ》博物館長が次長に招かれた脇本楽之軒《わきもとらくしけん》さんが来訪された時、昼時分になったので、取り敢えず自家の惣菜物の膳を出したところ、平素店屋物ばかりの独り暮らしなので、家庭の惣菜を大変喜ばれました。」という話をされたのを聞かれた後《あと》、お昼には、御自分があがるお惣菜と同じ膳を私にも下さるようになりました。このようなお心遣いまでいただいて、自分の果報を勿体ないと思った次第でした。

地方へ調べに出る時には旅費の援助をいただきましたが、その時は汽車賃がいくら、宿泊費が何日分と予算を計算して書き出して頂戴しました。概算で下さることはありません。その代わり滞在日数が延びたりしますと、帰京してから、「延びたから足りなかったでしょう」と言われます。いいえ、いただいた分で足りましたからと申し上げる次第でした。私は、高師・文理大七年間の在学中は岩崎小弥太男爵から奨学金を受けておりましたし、卒業して助手を拝命してからは、文理大の助手はほかより月給がよくて八十円を受けておりました。安田文庫では貴重な資料を自由に見せていただくのですから、もとより特別に頂戴するつもりはありません。しかし二年余で、不幸、助手を罷めるようなことになりましたので、今度は助手の分を上げましょうとおっしゃって初めて毎月分をいただくことになり、しばらくして百円に上げて下さいました。文房具など、丸善のオノト万年筆や、校正に使う色墨（日本画の色絵具）に溶き皿まで添えて下さいました。けれども、私に対してなさっている金品的なことは使用人には一切知らさず、私と相対の席でしておられました。――亡くなった後で家扶のH氏に聞くと、伊東屋へ出向かれて御自分で択んでお求めになったとのことでした。筆は自分の好みがあるだろうからと言って下さいませんでしたが、何事にも細かく心配りをして下さることは勿体ない次第でした。

また安田さんは多趣味な方ですけれども、晩年には古書と能楽とに限定されたことは前に述べましたが、能のことは先代宝生九郎（知栄）に就かれて、何によらず旧幕時代のことから全部詳しく聞きとって書き留めておかれたとのことでした。「ただ一つだけ聞き忘れたことがあった。それは能役者が舞台に上がった時、刀をどうしたかということだ」とおっしゃいました。私は安田さんにお近付きになった時、『古活字版之研究』をまとめるのに力を注いでおりましたから、自分の研究の最初は能狂言から出発して、能狂言に対しては東京高師の間に一応のまとまりを持っておりましたけれど、能楽の研究はしばらく片方へおいて能も余り見ないようにしておりました。このことは前に書いてありますが、あることから水道橋能楽堂始め、諸方の能楽堂へ拝見に出ることになりました。明治・大正の能のことも色々伺う折を得ました。宝生の野口・松本の若い頃の芸のことなども聞かせていただきました。「先の先生」とおっしゃって宝生九郎（知栄）のすぐれた人となりも色々伺いました。宝生九郎伝を書く準備もしておられました。もう少し御寿命がありましたら、能楽の将来に対しても十分な手当をなさったと思います。相撲なども小さい時からお好きのようで、協会が分裂して衰えた際なども力を添えておやりになったようでした。その頃の関取「両国」から出羽の海親方になった理事長の感心なことを言っておられたのを覚えております。

私は、学問の上では言うまでもなく、すべてどの方面の指導を仰ぐにも、それぞれ最高権威の先生方を択んで教えを受けることに心掛けました。その先生方のよい点だけを学んで、どなたにも足りない点はあるものですが、それはまた別の先生を求めて教えを受けるようにしました。どの学派の先生でもこれはと思う方のところへは押しかけて直接教えを受けました。好ましくないと思う点は己が戒めとしました。それでも自分には足りないところだらけで恥ずかしい次第です。芸道の場合でも何でも最高の仁に就かなければダメです。蔵書家もまた最高の人、それが最高の財閥の方、安田さんでした。最高の金持ちでない仁は、どんなに金で自由に好きな生活をしていても、どこかに金持ちの厭味が残っています。

安田さんは四大財閥のお一人ですが、父君（初代善次郎）の独特の教育方針で人間修行もできていらっしゃって大財閥には珍しいお人柄で、氏の長者というのはああいう方を申すのだと感じました。最高の大金持ちには、幸いに岩崎小弥太男爵にも奨学資金をいただき、直接お目にもかかりお人柄にも接し、さすがに日本の財界をしょって立っていらっしゃる方とお見受けしました。立派な英国仕込みの紳士の出来上がった方で、豪奢な感じでした。もちろん私は多大の敬意を表しました。けれども私は幸運にも安田さんに目をかけていただき、親しく近侍することができました。るる申し述べた通りであります。

考えてみると、他の三大財閥の後嗣は、いずれも西欧に留学して向こうの新しい教養を受けた方々ですが、安田さんお一人だけは、父君のお考えでわが伝統を尊重する教養を身に具えておられました。そして私が最高の大富豪に接した感じは、最高の学問の真の権威者――肩書ではありません――の場合と同じ感銘を覚えます。人間最高の心境に養われた人格内容の、自ずからなる到達点なのでしょうか。そして大富豪の場合は、学者の大先生よりも人間性が広く豊かに、おおらかに包み込まれます。私は幸運にもそういう方に目をかけていただき親しく近侍することができました。種々教えも受けました。平素すべてメモなどは広告紙の裏を利用され、包装の紐などは一切鋏を入れず、丁寧にほどいてたばねられました。私は言われなくても、日常そういうように家庭で小さい時しつけられていましたから、安田さんの前で特に努めるというのでもなくそれができましたが、安田さんのような方でもやっていらっしゃるのだからと頭が下がりました。

かような次第で、私は安田さんの御高配によって人間修行もでき、余人の望めない勉強をさせていただき、自分の研究を大成する基礎をしっかり築くことができたのであります。色々とつい挿話が多

くなって申し訳ありませんでしたが、以上に述べましたように、
㈠全国の図書館・寺社・蔵書家の古書探訪
㈡全国古書籍商の店内の商品としての古書を探索したこと
この二つに加えて、もう一つ（第三）には、前にも少々触れましたが、その道の先輩・古老の方々からの聞き取りであります。年配の方々がこの若造はいささか見込みがありそうだと私を買って下さって、長い間の御自身の見聞するところのエキスとも言える話を聞かせて下さったことであります。これは集書の上にはもとより研究上すこぶる有益で、かつて私が、私の書誌学研究の業績は、多くの先輩の皆様の知恵が私の姿を借りて結集して成り立ったものと言ってよいと記したことがありますが、この第三の条件が私にそなわったことが、さらに第一の条件に、江戸時代以来海外に流出した和漢書の実体を調査することができたということをも加えて、ここにこの問題の全貌をより明らかにすることを得たと考えます。

かような文化現象の研究には思慮分別の深まりが、もう一つ大事な要件であると考えますが、その要件を最も充足すべき老齢に達したという好条件も、記憶が健全でなければ役に立ちません。私は若い時から専門の学を志してよりほとんど七十年に近く、万事記憶だけで済んでおりましたので、長い間記録に書き留める必要がありませんでした。今、八十を越えた老境に入って（昭和六十二年時）、そろそろ記憶が危うくなった感があります。今の中に書き残し言い置くことが必要になって来ました。

問題の性質上、公表しにくいことも少なくありませんが、その補いは別に処置することにして、できるだけはっきり書き残しておきたいと思っております。

2　明治時代前半の蒐書

明治新政府に変革しても政治に当たる人間は前代からの生き残り、同一の人間であります。そこで人間の様々の心理思惑が働くのも当然です。明治新政府も官府における蒐書は必要であります。その新政府の上級の役職は、もとの下級武士が占有しております。この人たちには武家文化に対する郷愁があります。その郷愁の武家文化のよさは、そのかみの上級武家のまともな営みの中にありました。そして、そのよき内容を伝存するのは往時の編著（もしくは記録）です。なおまた新時代の平等思想にも刺激されて、下級武士の欲求不満と同様、町人の武家文化に対するあこがれもあります。町人の富豪のあこがれの一つは武家が専有していた申楽能であります。旗本の下級武士出身の梅若実――梅若は観世のツレの家柄――はその間に巧みに処して三井家のあこがれに取り入り、旧幕時代の名目上の楽頭観世――幕末の実際の楽頭は宝生――を内側から操縦して流内の実力を掌握しました。そして大正・昭和まで揉めごとを残しました。万事三井の金力が控えていたからであります。三井は江戸時代二百数十年間のうさを晴らしたわけです。

書物の方も、西洋文明式の組織の下で名目も文庫から図書館となり、公共図書館はまず西洋の書物を輸入して充実させることを第一に努め、政府はそれを翻印し、また翻訳しました。それは古代にシナ文化を輸入した時と全く同じ現象です。図書館では蔵書の数量を整える必要もあって、江戸以前の和漢書をも受け入れました。その際国公立の図書館が第一に充実したのは、官尊民卑の考え方の伝統によります。官尊民卑は古代から現代まで動きません。ですから今でも何ごともお上《かみ》に頼ることになっております。授けられた民主主義はなかなか稔りません。戦争中から統制経済が強くなって、江戸時代及び明治以来も、経済界は大阪を中心に民間の力が大きく働いていて、大阪の朝日・毎日の二大新聞社もその支えの力になっておりましたが、戦後は関西経済界の力も無力同然となった感がありす。大阪の本社を皆東京に移したのが何よりの証拠です。話が後先になりますが、戦後のはなはだしいインフレに遭い、折角の民間における法人組織の内容の充実した和漢書中心の文庫が、アメリカ式の国会図書館組織の下に隷属して、支部図書館の形で補助金を受けて存続を図りました。そのまま、経済的に独立を回復できずにいるところも少なくありません。近年は民間の国宝・重文の美術品・典籍を文化庁が莫大な予算を持つようになって買い上げております。それは一面よいことと思いますけれど、民間で保つべきは保たなければいけません。私の見るところ、日本は古い時代から、ずっと永久インフレの状態ですから、紙幣の価値は下落する一方で、ものの値は逆に上がり続けます。売らずに持っていれば得なことは明白です。ただし古びたら役に立たぬものは別です。しかしこれを大切に保存して後の世に伝存させるためには、経済力が必要ですから、容易ではありません。その上経済力以上に所蔵者の留意が必要です。貴重な文化財としての古書を民間で所蔵しているということは、一種の名誉的行為ですけれども、立派に保存し守るということは容易ではありません。一方に書物は天下のものという考えが厳然としております。そのためと思いますが、従前、古書は貴重本でも読むもので、鑑賞するものではなく、相続税はかかりません。それ故国家の無条件保護が必要と思います。しかしながらこれを貨幣価値に換算すれば、相当の金額の財産というわけですから、別種の難しい問題も附随します。

もう一つ、同じく民間の所蔵でも法人組織になっていて、実務は被使用者なる専門職員が扱っている場合と、個人の所有の場合とは大変に相違します。法人の場合は寄附者個人の所有ではなく、社会の公的所有物です。私が中学生の時、法律経済の大家の先生から授業中に聞かされた財団法人の定義は大変わかりやすい説明で、それは現在、いくつもの法人に関与していて身に染みております。「自分の財産を投げ出して空中にほうり上げるようなものと思えばよい」というのでした。

ある私の昵懇の蔵書家愛書家が、「自分の没後蔵書を始末されるだろうが、私は〝図書館はイヤ〟という印を捺しておきたい」と漏らしていました。公立図書館や学校図書館へ行って見て、書庫の中の和漢の古書の扱いを見学しての言い分でした。どこでも単に事務的に扱われている状態を承知した結果のことでした。これは始終事務職員が交替するのだから止むを得ません。要は書庫の保存設備を整備することがまず第一に肝要であると思います。

さて、以上は時世の変転によって無用となった和漢書を売り払う立場について申し述べましたが、今度はそれを買い取って蒐蔵する側について考えていきたいと思います。

一　鵜飼徹定

維新前後の頃を考えますと、知恩院の鵜飼徹定《うかいてつじょう》などは、これまで自分たちの宗派は新しいので所伝がなかった古経に注目し興味を抱いておりましたので、南都諸宗、並びに天台・真言両宗等の、ことに神宮寺などから多数流出する古経・古典籍の優品を買い集めました。『古経題跋』『訳場列位』などを編んで学術的な様子を見せていますが、『古経題跋』などの記載はこれを吟味すると、真偽相半ばしていて、狩谷棭斎の所蔵でないものをその旧蔵に仮託したりするなどのほか、その集めた古経に奥書などの妄補をも一切ならず行っているようで、折角の善行が損なわれるのは遺憾ですが、その妄補は先輩の栗原信充（柳庵）の影響を受けたことも著しいのではないかと思います。柳庵などは、高山寺などに入り込んで、器物から文書典籍まで各種の古物に年号などを妄補しました。今でも寺に残っております。その古物の年代に適った年記を巧みに補入するのですからだまされます。何しろ目が利いていて鑑識が確かですから広く何でも遣ります。古文物で年代が古いのに、銘文・年記等が具わっていないと素人に確かな古さを納得させ難い場合に、その古文物の実際の製作年代に見合う年記などを補入したくなる心理は、古文物愛好の立場からは頷けることではありますが、それは歴史的真実を

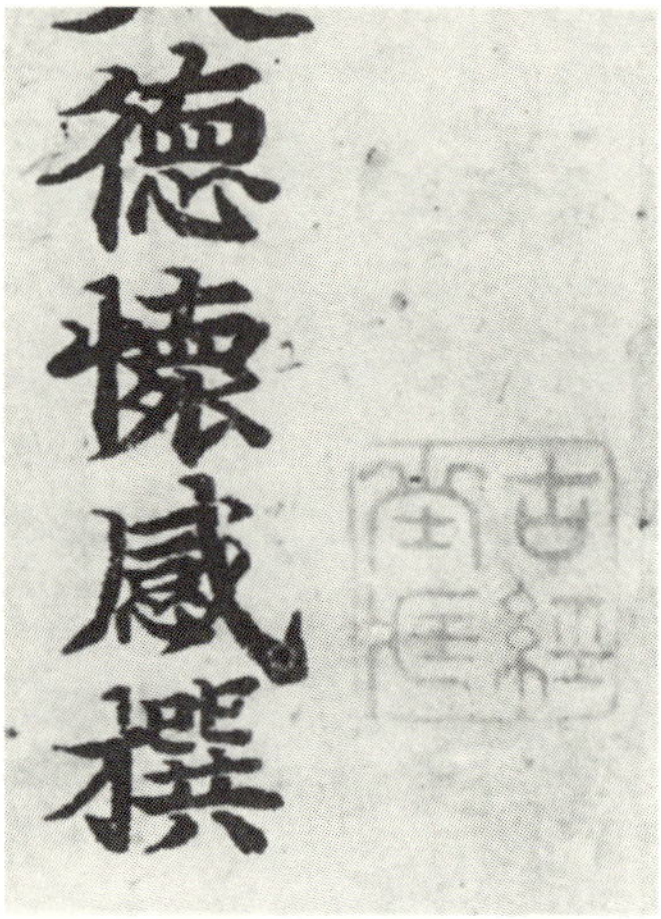
図31　鵜飼徹定蔵書印

追求する学問の世界では全く許し難いことです。それでは真の歴史の意味は失われてしまいます。各時代の古文物がもとの姿をよく留めて残存しておれば、それを製作した当時の人々の生活・思想を如実に感得することができます。その時代の人々に生きて出会するわけになりますから、歴史研究の上からは特に大切であります。

大阪の住吉大社に『住吉神代記』という平安初期を下らぬ巻子の古写本があって、内容上はほかに見えない記載なども伝えていて、神社にとって重要な文献であります。内容上も貴重だからという理由で、これを国宝に昇格させようと事務当局が専門審議会にかけましたが、私は反対しました。ほかにも歴史家が複数反対意見でしたが、なぜ私が反対したかと申しますと、惜しいことにこの巻物には書写年時の明記がないので、おそらくは社内の関係者が、この書写年代を世人に容易に納得させようと思ってのことでしょう、平安極初期の延暦の年時の奥書を妄補しました。それは昭和二十九年に重文なら差し支えなかろうと重文指定になっていたのですが、それを国宝に昇格させたいというわけです。勿論指定の際の説明書には妄補だということは明記されますが、当の巻子本には何の明記もくっ付きませんから、鑑審眼がなくて巻子本だけを見る者は、これは国宝で、延暦の奥書があるから、その時の書写本と見ます。そういう誤解を生ずる欠点を持っているものを国宝とは定めかねます。この巻子本の記録としての内容は、書誌学的な条件とは別物です。ただ、内容が有益だからというので指定をするわけではなく、その物の本姿を見定める立場で、古文物としての整った価値があるかないかという問題ですから、私は賛成できません。国宝は部会で一人でも反対があれば成立しませんし、その後、総会でも反対があれば多数決というわけにはいきません。重文の場合は、部会でも多数決で決定されますから問題だと私は思っております。

二　田中勘兵衛（教忠）

上述の徹定のような学僧は、維新を中心に新旧両方に跨って生息した人ですが、維新前には、高度の教養を望み古文物等に興味を抱いていたのに、身分階級に束縛されて自由にならなかったのが、維新後はその条件から解放されて、能力のある人たちはその獲得が自由になったわけです。いわばまさに実力の世の中になったといえましょう。その人たちの第一は、富裕な町人で学問好きの識者、第二は身分の低かった武士ないしは郷士の中で新時代に志を得た具眼の士、それはそう数は多くはありませんが、それが町人は京都の地、武士は東京と分れている点が注目されます。京都は多数の寺社並びに公家から流出する古書・古文物がおびただしかったわけですが、それを地元にいて食い止めたのが富裕な町人の好事家であります。その中の筆頭は代々聖護院の袈裟衣の御用を承っていた田中家の勘

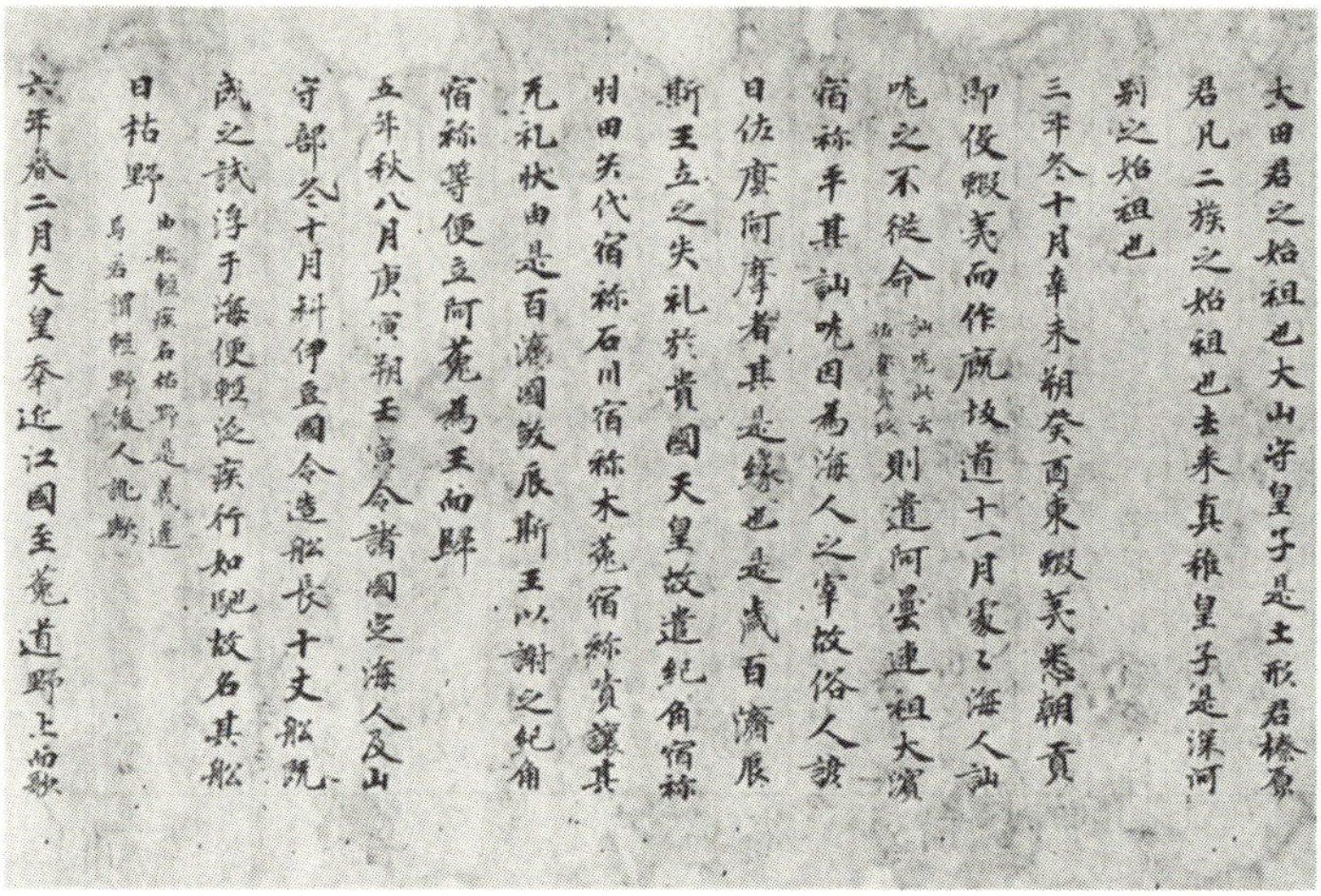
大田君之始祖也大山守皇子是土形君榛原
君凡二族之始祖也去来真稚皇子是深河
別之始祖也
三年冬十月辛未朔癸酉東蝦夷悉朝貢
即役蝦夷而作厩坂道十一月處〻海人訕
哤之不従命 訕哤此云佐麼売玖 則遣阿曇連祖大濱
宿祢平其訕哤因爲海人之宰故俗人諺
曰佐麼阿摩者其是縁也是歳百濟辰
斯王立之失礼於貴國天皇故遣紀角宿祢
羽田矢代宿祢石川宿祢木菟宿祢嘖讓其
无礼状由是百濟國殺辰斯王以謝之紀角
宿祢等便立阿花爲王而歸
五年秋八月庚寅朔壬寅令諸國定海人及山
守部冬十月科伊豆國令造船長十丈船既
成之試浮于海便輕泛疾行如馳故名其船
曰枯野 由船輕疾名枯野是義違焉若謂輕野後人訛歟
六年春二月天皇幸近江國至菟道野上而歌

図32　『日本書紀応神記』

兵衛（教忠）で、古典などを学び、類従本程度のテキストで我慢していたのが、古写・古版の善本が一度にどっと流出して来ましたので、巨額の財をはたいて一大蒐蔵家となり、併せて古文書・古器物の大集蔵家となりました。年号の名記あるものを多く集めて、自らも「年号庵」と号したほどでした。これは江戸末期の栗原柳庵の後を承けた感もあります。その仲間には神田香巌（質店を営む）・山田長右衛門（永年）等がいて、東寺などの庫から流出した唐鈔本を分割して、互いにその一部を分蔵したりなどもしております。田中勘兵衛の蔵書は故あって私が嗣子忠三郎氏から依頼を受けて庫内を精査し、評価目録をも調製して差し上げました。国史・国文の優品の一部は龍門文庫へ分譲されましたが、古文書を主とするその内容は、国宝の『日本書紀応神記』を始め、重文・重美の古鈔本の数々を頭にして、古写本の一大豊庫ですが、多く近年文化庁に買い上げられました。

三　アーネスト・サトウ、楊守敬

東京の方は、明治政府が遷都をして、江戸改め東京となった政治の中心地であることが何と言っても有力な条件で、和漢の古書・古文物も中央の市場へ吸収される傾向が強く、それがまた蒐集する側にとっても大いなる地の利でありました。その東京の地で待ち構えていた蒐集家は、実は当時来朝していた外交関係の外国人の識者で、英国のアーネスト・サトウと清国の楊守敬との二人を代表者といたします。その辺のことは昭和六十年五月に『書誌学』の復刊新三十五・六号に発表したものがありますこと、上述の通りですが、ここには重複しますけれど、その大要を概略申し述べます。

これら外人の豊富な買い漁りが刺激となり、新しい政府の諸施設の秩序も立ち始めて、公的な図書館への購入、また個人的な購書活動をも促したと思われますが、文化史的に大切な資料を海外に出してはならぬというほどの自覚は、潜在的にはあったかもしれませんけれども、表面に思想として現れるまでのものではなかったと思われます。

欧米人の中には、これも前に述べましたように、主として浮世絵版画や、蒔絵の道具類など美術工芸的に、見た目で美しいと鑑賞されやすい外人向きの物品がはなはだ多量に海外に流出いたしました。けれども、和漢書が研究資料として有益にまとまったコレクションとして海外に残存しているケースは、上述の楊守敬とサトウとの二人だけです。英国人では初期の帝国大学に招聘されて日本語並びに日本文学などを講義したアストン（阿須頓）も国書をかなり蒐集しており、英本国に残っているものを見ると、なかなか専門的な眼をもって選択しています。正直言って外人が日本へ来て何程のことをやったかと思っていましたが、教えた者もいるのでしょうけれど、その残した江戸時代の文芸資料を一閲しただけでも敬意を払うに値すると思ったことであります。アストンの後を受けたチェンバレンも内容のすぐれた国書を蒐集しており、国文学関係の古写本や古活字本なども多数あって、上田万年博士に多くを譲られましたが、上田博士没後、昭和十三年八月入札されて四散しました。まだほかに日本内地に分れて残存するものもあるようですが、上田博士所伝本以外にも古く散っているものもあります。

楊守敬が集めたものは、北京の故宮博物院から台湾の故宮博物院へそっくり移って、現在台北にありますが、私は先年両度にわたって全部調査をして写真も撮させて貰って来ました。狩谷棭斎の旧蔵書が中心になっております。これは、多くは森立之が持ち出して売却したものですが、あるいは狩谷家が立之に任せて琳瑯閣《りんろうかく》へ出したものもあったと思います。楊守敬は、初めは琳瑯閣から求めていましたが、明治十年から直接立之から買うようになったことが、彼の日記からもわかりました。

サトウの蒐集は大英博物館に買い取られて、今は分かれて大英図書館に残っております。私はこれも先年両度にわたって各百日余調査に参り、同館の和漢の古書五千余部を閲覧調査して、――その一部は『書誌学』その他に発表しましたが、なお岡崎久司君が調査を補い、近くその総目録を講談社から編刊する予定になっております。海外においては、欧州は言うに及ばず、米国にもこれに比肩する日本文化史研究に資する有益なコレクションは一つもありません。古版本もかなりの善本がありますが、その特色の一つは江戸時代の硬軟両様の絵入りの版本類であります。

四　田中光顕（青山）

この両外人の蒐集は、明治初年から十年代までの出来事ですが、十年代の後半頃から、この外人の蒐集に刺激されたのが原因となっているようで、田中光顕（青山）が、新政府の要人の一人として官にあって、寺社から流出した和漢の善本を、幕府の紅葉山文庫等を継承した内閣文庫に自由に購入しました。これは光顕が、内閣書記官長としての目覚しい文化活動として表彰してもよろしいと思います。

田中光顕は若い頃から経巻に興味を抱き、『古経題跋随見録』（二巻二冊）を手録して残しております。その見聞録は、現在諸方に納まっている古経がもとどこから出たか、また、どう回り巡っていたかなどもわかってはなはだ参考になります。それによって光顕が最も早い頃に目に触れたものは何かを吟味しましょう。明治九年夏、平泉中尊寺蔵紺紙金銀泥一切経、同十一年に厳島社蔵「平家納経」（同十七年九月十日博物局にて再閲）等を一見、明治十七年に御物の「一字頂輪王経」巻第一等を拝観、そして同十月十四日には、法隆寺献納御物の古経類を拝観、また十七年八月には「中論」巻四など多

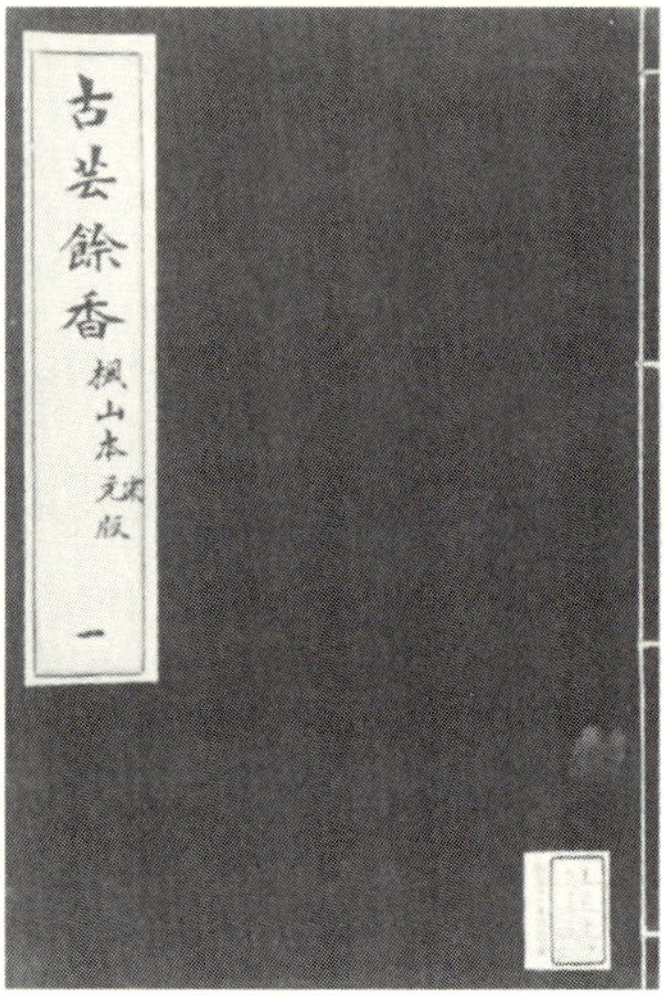

図33『古芸余香』

くを求めており、爾来二十年にかけて諸方より珍稀な古経巻を購入し、また目堵してもおります。

田中光顕と同時に古書・古経などの蒐集を行った同好の数寄者も、柏木貨一郎（探古）・横山由清・浅野長祚（梅堂）・谷森善臣・神田孝平・島田蕃根・新井《あらい》政毅《まさたけ》・山中献・根岸武香・向山黄邨・寺田望南・鹿島則文・黒川真頼・西村兼文・松岡調《まつおかしらぶ》（多和文庫）等多くの人士がおりましたが、官権の力を背負って、最大多量の蒐集を行ったのは田中光顕で、内閣書記官長として内閣文庫へ買い上げました。明治十年代であります。それら光顕の蒐集した善本は、彼が後に宮内大臣になると宮内省図書寮へ移管し、それとともに、在来江戸幕府時代からの旧幕の善本をも多数一緒に移管しましたから、それで図書寮は初めて善本の府となったのであります。光顕がそれらの善本の解題を記させたものが『古芸《こうん》余《よ》香《こう》』（十二冊）であります。ちなみにその光顕の手沢本は、光顕が内野皎亭に贈与した十七部の中に加えられていましたが、皎亭文庫入札の際安田文庫へ落札しました。

五　黒川真頼、横山由清、西村兼文、勝安房、谷森善臣、松岡調、向山黄村、新井政毅、根岸武香、

野村靖

黒川真頼《まより》は、春村の後を承けて各方面の善本を集め、真道がほとんど死蔵の状態で保持しました。真道の後継は法律家とかで、見せると書物の権利が見せた人に移ってしまうと言っているなどと、真道の弟という人から聞いたことがあります。戦後にふとしたことから筒井久太郎氏に国文学の古典の部分が買われて、私は頼まれて審定してあげて、『和泉式部日記』の新研究をする端緒となりました。折角の筒井氏の蔵書は事業に失敗されて、それは実践女子大学に購入されております。黒川文庫の残部は一誠堂が引き受けて処理しました。

横山由清（明治十二年、五十四歳没）は、狩谷棭斎の蔵書の一部を引き継いでいて優品に富んでいますが、その子女が佐々木信綱さんの歌のお弟子という関係で、全部一括して佐々木博士が引き受け、一部分を手もとに残して、大部分は和田雲村の手で久原文庫に入りました。

西村兼文は西本願寺の寺侍ですが、長州の志士などとも親しく、久坂玄瑞を扶けたりもし、明治二十三年没直前『壬生浪士始末記』を著作しましたが、古文物についての記述も多く、それらはまとめて公刊してやりたいと思っております。偽妄なども行いましたが、当時の識者とは格段に落差があって、その知識が多かったせいもあるのでしょう。

勝安房なども明治新政府に出仕して余裕も生じたので古書を集めております。嵯峨本などよい物をいくつも持っていました。

谷森善臣《たにもりよしおみ》（種松）は、文久二年（一八六二）山陵奉行戸田大和守に随行して調査したりして、田中勘兵衛などに多くの影響を与えました。谷森の下にいた勢多章甫《せたのりみ》（大判事）もまた考古の士で、多くの書留を残しているのを勘兵衛の所蔵の中に見ております。

前に一寸触れた讃岐の多和文庫の松岡調は考古品並びに古書・古文書を集め、一番大きな勾玉《まがたま》（翡翠）を所持していて、それは安田善次郎さんが譲り受けて愛用しておられました。多和文庫は、阿波国文庫を訪書するついでに昭和初年から訪れました。後には能謡の知友英文学の菊池武一さん――江戸時代鯛の網元の家で豪奢なものだったように聞きました――が、松岡家と親戚で閲覧に重ねて便宜を得ました。

向山黄村《むこうやまこうそん》（隼人正栄五郎）は寺田望南《ぼうなん》（広業）と相並んで和漢書の善本を多く扱っていて、半ば商売をしていたように見えますが、その活躍は盛大でした。現存の諸文庫の蔵書の中にその痕跡を多く留めております。この人はフランスへ幕府から駐仏公使として派遣されて、向こうが勲章制度が進んでいるのに注目して、わが国も速やかに勲章制度を定むべきを建白したりしております。このことは岩倉規夫さんに教えられました。

新井政毅は川越にいて、和漢の善本の尤品を所蔵していました。島田重礼《しげのり》・翰父子は、新井から獲たものが少なくないと思われます。最も関係が深かったようです。――成簣堂文庫にその証拠の本が残っています。

青山文庫の根岸武香のことは前にも書きましたが、没後、古文物とともに帝室博物館に寄託されていましたが、親戚の高橋重太郎（帝国図書館主席司書官）が帝国図書館へ寄贈を計られました。

明治政府の高官にも田中青山伯と同じく嗜好の士もあって、野村靖（素軒）は古経・善本を早くから集めています。田中青山伯とも競争した時期もあったのでしょう。琳瑯閣の早くからの顧客の一人です。琳瑯閣が梳斎旧蔵の一群と称して高価に売却を計った五十部の善本を、楊守敬が買い求めようとしたのを一足先に素軒が来訪して購入した書目――明らかに梳斎旧蔵でないものが交じっている――を私は前に紹介しましたが、素軒も田中青山に次いで古書古経を蒐集し、その古経の一大コレクションは雲村の手で久原文庫にそっくり入っていて、大東急記念文庫を中心とする五島慶太翁の古経蒐集の有力な中枢となっております。

六　帝国図書館

帝国図書館も、さすがに国家の設けた中央図書館ですから一括購入を行ったり、また、寄贈を受けたりしたものも少なからず、特別本に富んでおります。その上、鹿島則泰さんなどが司書官で目が利いていますから古写・古版・古文書・古記録・江戸物まで各種の善い物を集めておられます。色々競争入札で取った話も聞いております。私は大学を出ると、すぐに当時の松本館長から図書館に併置してあった文部省図書館講習所の書誌学の講義を依嘱されて、帝国図書館とは公に縁が繋がり、図書館の出入りが自由となって大変好都合でしたが、講習所の講師は鹿島翁の推挙で、翁と代わったわけでありました。一週一度は必ず行きますから、その度に鹿島翁の詰めている貴重書室の客となり、眼福を得、調査もできました。鹿島翁は田中勘兵衛と一緒に古記録を読んだ話をしておられましたが、帝国図書館にある『師守記』などは勘兵衛が譲渡したものとわかりました。近年『師守記』などを検すると、勘兵衛の筆跡が随所に残っているのに気付きました。勘兵衛は昭和九年三月に九十六歳で亡くなりましたが、明治二十九年に京都帝室博物館の学芸委員に就任しております。

七　島田南邨、関根只誠、伊藤圭介、木村正辞

島田南邨（蕃根）も明治の早い時期の蒐蔵家には欠かせません。いずれかといえば学識がすぐれていましたから、いわゆる渋いものが多く集まっていました。「島田蔵書」という小型の四角い印、また、小さい小判形の認め印式のものを捺してあります。その後嗣は古本商と言ってよい人で、私は一誠堂で幾回も出会って話もしました。

関根只誠《しせい》――関根正直博士はその後嗣ですが、只誠は江戸の軟派物には非常に目が利いて、その手にあったものはひとかどと言えましょう。その蔵印が捺してあれば値が高いのももっともであります。その編纂物『名人忌辰録』もよくできていて、今でも参考になります。

伊藤圭介（有不為斎《ゆうふいさい》）は、明治三十四年に九十九歳で没していますからここに加えなければなりま

図34　関根只誠蔵書印

せんが、その遺書は大阪府立図書館に寄託されていて、本来図書館には大したものはなく、図書館の目録に載っている善本は皆、有不為斎文庫本でした。それが昭和十四年に寄託を取り下げて入札になり、大変な人気が出ました。五島慶太翁の古書の買い初めが有不為斎本の『賦譜・文筆要訣』の古写本という次第です。

木村正辞は、文字学の学統の上では狩谷棭斎の系譜に連なる学者で、『万葉集』の研究を進めましたが、自分で必要な書物を手写したり古書を集めたりして大部の蔵書がありました。一括して売りに出たのを雲村が買って、山積みにしてあったのを真ん中から二分して岩崎文庫と久原文庫とに買い取らせましたので、同一書が上下半分ずつに分離したりするという無茶な遣り方でした。久原文庫あたりですぐ気が付いて処置すべきだったと思いますが、いまさらどうにもなりません。

八　山中笑（共古）

山中笑（共古）は旧幕臣で、徳川家に従って静岡へ赴き、メソジスト派の牧師になりましたが、審定眼もよく学識もあって蔵書も相当なものがあったようですが、最後に残っていたものを安田文庫へ購入した分は半分以上明治の活版本で、少量残存していた江戸以前の古書に目ぼしい物はほとんどありませんでした。三村翁は、共古翁の筆跡はひじきの行列だと評しましたが、言い当てて妙で、なぜあんな字を書いたのかと不思議な感がしました。その共古筆の著作物にも大した物は残っていませんでした。それを扱った明治屋（一誠堂酒井宇吉氏の実弟）に抜かれ、また、その前に三村竹清翁からも引き抜かれて、一番目ぼしい共古翁の日記的な考古の書留類も半々に分裂していました。安田さんが購入後、一時預けてあった大橋図書館の人たちは、「本当にガラクタばかりです。どうしてあんなものを買われたのでしょう。」と評していました。お引き取りになった安田さんが、共古翁をよく知っておられたからだったのでしょう。それもことごとく戦災で焼亡しました。しかし、共古翁は林若樹翁に福井の旧医家のキリシタン遺物（『こむてんつすむんぢ』を含む）などを世話したりしています。共古翁は古物審定の眼が確かで早く、浅草伝法院の庭にある古碑を見てすぐ偽物だと言ったと三村翁から聞きました。あれは確かによくありません。私は年が違って出会えませんでしたが、共古には会って見たかったと思いました。多くの善本・稀書を獲っていたと思います。私が静岡英和女学院の責任者に選挙されて赴任してみたら、静岡のメソジスト教会の初任の日本人牧師が共古翁でした。その後各地へ転職したようです。

九　小沢圭次郎（酔園）

明治政府の中心にあって活動した田中光顕は別格としても、同じく国立の機関の中に、予算を極力捻出して古書を蒐集した学識者がおりました。その代表といってもよいのは、小沢圭次郎（酔園）です。小沢は明治十年代東京師範学校（後に高等師範学校）の副校長で、軟硬ともに珍本稀書を予算が余れば何でも購入しました。老舗浅倉屋書店の店員となって修行した後に独立した文行堂書店の初代が、小沢酔園からたくさん買って貰って大変豪奢な羽ぶりだったと言います。文行堂は田中光顕の『古経随見録』にも明治十七年九月十日、御成道の文行堂蔵の「大方広仏花厳経」巻七十六（建仁四年―一二〇四校了）を見たなどと記載があります。

ところが、小沢酔園の集めた善本稀書の特色の一半は江戸物で、柳亭種彦の自筆本なども多く、ことに西鶴本などは美本の大揃いでした。古版地誌なども網羅されていて、なかったのは『奈良名所八重桜』ぐらいのものでした。『難波鑑』なども古版地誌中の最稀本の一つですが、後に兼任教授の山崎直方さんがずっと借り出していて遂に返却されず、私は見ることができなかった覚えがあります。稀書複製会で複製した『東叡山名所』も小沢の集書の一つです。しかるに、後に物堅い漢学の校長秋山恒太郎が来て、教育の本山に軟派文学は不用なりと、折角のコレクションを払い下げてしまいました。一括払い下げを受けた老舗浅倉屋は処分に困却して黒川真頼さんに泣き付きました。黒川さんも場違いですが、それを引き受けておかれました。

ところが大正十二年の大震災で、下町一帯が全滅し、江戸絵入本の軟派物の出物が少なくなった際に、黒川家の西鶴本類が目を付けられて入札され大人気となりました。それらは「東京師範学校蔵書」の大きな印があって皆「払」とあります。松井簡治先生も軟派物は一切集められませんでしたが、あれは払わなくとも、閲覧禁止にしておけばよかったのだと残念がっておられました。古版地誌類は軟派物ではないと難を遁れた次第でした。小沢酔園のように、目の見える達識の数寄者が早く集書に勤めたのに、後が続かなかったのは惜しいことであります。嘉納治五郎校長時代になって予算が極めて乏しかったせいです。

十　帝室博物館、図書寮、帝国大学附属図書館

官府で和漢書蒐集に勤めた中に博物館があります。これは後に帝室博物館となって上野へ移りますが、最初はお茶の水で、東京師範学校と隣接していて、もとの昌平坂学問所と湯島聖堂との並びの地にありました。博物館も和漢書の善本を多く購入しております。昭和の初年、図書寮の鈴木重孝事務官は、和漢の古書に熱心に興味を抱かれて、同じ帝室の所管内の善本を多く図書寮へ移管されました。しかし博物館にはなお多くが残存しております。

鈴木重孝事務官のことは、亡くなった時、氏に知遇を受けたと感激していた長沢学兄が『書誌学』第九巻第四号（昭和十二年十月発行）に詳しく書いてありますが、鈴木事務官は私の学究熱心をも尊重していて下さって、かげながら身柄を案じていて下さったのでした。文理科大学を卒業する前のこ

とですが、私に卒業したら図書寮に来ないかと誘って下さいました。私はそのお言葉にびっくりしましたが、私のような者をそんなに見込んでいて下さったのかと御挨拶の仕様もない思いでした。しかし私は早くから卒業と同時に大学の国語国文研究室の助手になることに主任教授の松井先生が決めて下さっておりましたから、その旨を申し上げて御辞退いたしました。——しかし、後に述べますが、私はその助手を松井先生の後任の保科孝一教授から就任二年で、学内に代わるべき職も与えられず罷めよと言われました。

官府の帝国図書館や東京帝国大学附属図書館（大学令は明治十九年）で、各種の古写・古版並びに江戸の絵入本などを多く蒐集したのは、二十年代以後ですが、それでもまだ三十年の初めには相当なものが集まっております。東京帝国大学図書館の催した展覧会の目録——第一回は明治三十二年、第二回は同三十八年——が残っているのを見ますと、今日ほかに伝本を見ないたぐいなども多数載っていますが、ことごとく皆大正十二年の震火に失われたことがまことに惜しまれます。その焼失は確かにわが国書誌学の発達の道をはなはだ遅らせたと思われます。

十一　静嘉堂文庫

明治における官府の和漢書蒐集は大略以上の如くでありますが、二十年代に古書・古文書の蒐集に大きく与ったのは、民間の静嘉堂文庫であります。同文庫は、岩崎弥之助がその漢学の師重野安繹《しげのやすつぐ》

（成斎）の修史のために、主として実用的な参考史料を集めましたが、岩崎氏は古美術や古文物など書画骨董類をも多く購入したので、成斎はそれらの審定もしていたと思いますが、これは実用の文庫とは別に、美術館として岩崎氏個人の所蔵で高輪の邸内に保管され、ずっと後に昭和六年頃多摩川の文庫の傍らに美術館の建物が建築されました。――戦前に文庫と併せて法人となりましたので幸いに残りました。

成斎は、もと官府の大学に附設された史料編纂所――旧幕府時代に塙保己一検校の史料の編纂を引き継いだもの――の前身を担当していましたが、官を退いて「野史亭」を称して民間で自由に修史事業を企てていました。けれども自然経費に窮して、岩崎家の援助を乞うことになったもので、岩崎兄弟は成斎に漢学を教わっておりますから、師のために報いたのであります。そして、成斎は『国史綜覧稿』（十冊）などを著作することができました。前に『書誌学』（復刊新三十五・六号）に述べましたが、折節、学儒や好事家の蔵書が一括して買い手を索めている出物が相続き、それを購入して、その史料蒐集は充実しました。明治二十年代におけるこの方面の最も顕著な実績であります。

その最初は明治二十七年の青木信寅の旧蔵書で、明治政府の司法官であった信寅の集書は、歌文・古文書等すこぶる充実していましたが、注意しないと、この人のものには古く見せかける作為を行ったものがあります。後まで手もとに残したものは女婿黒田多久馬の所有となり、黒田は骨董商を営んでいました。四谷見附に大きな邸宅を構えていて――あるいは青木の邸か――私も若い時訪れたことがあります。成簣堂文庫にも、徳富（蘇峰）先生が大正初年に黒田から購入されたものが多くあります。静嘉堂には美術館の方にも信寅旧蔵品があります。

次いで明治三十一年には中村敬宇博士の遺書――これには洋書が八百冊ほどあって、昭和十二年にその分は成蹊学園に譲りました。その際、諸橋（轍次）館長、長沢（規矩也）博士と私とに関係書一、二部を分与され、私はロンドンにて一八八二年出版の末松謙澄博士英訳『源氏物語』一冊を得て、今に秘蔵します。中に敬宇博士の書入れがあり、先般、それを『講談社八十年史』の巻頭に附載の「日本出版印刷の歴史」に色刷で紹介しました。――同年、鈴木真年の遺書、同三十二年には好事家宮島氏の文庫、同三十四年には楢原陳政《ならはらのぶまさ》の遺書、同三十五年には田中頼庸の遺書、同三十六年に小越幸介の遺書、同年西京の山田以文の遺書――その中には藤原貞幹の稿本等多い――同三十七年には色川三中の遺書（中山信名《のぶな》の著述・稿本を含む）、同三十九年には高橋残夢の遺書、同四十年には松方正義より竹添進一郎の旧蔵書（約六千冊）また、同年島田重礼の蔵書（数十部）等を、二十年代より三十年代にわたり、続々購入を重ねて所蔵図書すべて約八万冊に達しました。その後、明治四十年に清国の陸心源の蔵書約五万冊（二百宋楼の最善本外）を購入して、世界一の漢籍の文庫たる実を得たのであります。これは明治後半における最も顕著なる和漢書蒐集の事業であります。

ただ、残念なことには静嘉堂文庫の和漢書蒐集購入の間に、岩崎家の家令などのよからぬ振舞の伝聞を知らされております。文庫へ購入の際、老舗浅倉屋（文淵閣）が常に評価を担当したようですが、その主人久兵衛翁から直接聞いたところでは、岩崎家の家令は、折角の一括の蔵書の中から一部分を払い本にして、その分《ぶ》を取ると言うのです。家令（家扶）という連中は、大名諸侯――それ以前の公家でも――の時代から分を取る慣いです。

徳川家康が大阪城の分捕り品を駿府の居所へ運ぶつもりが、遠路なので中途の名古屋の義直の居城へ一時預け置いたところ、駿府へ運ばぬうちに家康が急に病死しましたから、大阪城の分捕り品はそのまま名古屋に残りました。尾州家に、今なおそれがおびただしい財物（古美術品）として残っている次第ですが、それを大阪から名古屋へ運ぶ時、尾張家の付家老の成瀬隼人は、その大阪物の一部を「これは犬山へ」と自分の居城へ搬んだと、尾州藩では昭和の今日まで語り伝えていることを、尾張家の鈴木家令から聞いておりります。そしてその生きた証拠に、名古屋の関戸家は『古今和歌集』の最古筆本や『三宝絵詞』の東大寺切の一帖――近頃名古屋美術館へ譲りましたが――などを所持しておりますが、これらは明治になって成瀬家が関戸家へ質物にしたものだと推測します。それらはそもそもの原を質せば、大阪城の秀吉の所持品で、いずれも関白秀次が蒐集したものであります。

さて、重複と称してお払い本がないと気嫌が悪いという岩崎家の家令が、リベートを浅倉屋に要求したという話ですが、リベートを取得するがために、折角まとめて購入する文庫の蒐集の一部分を割愛して浅倉屋へ売り払い、リベートを家令が手にし、浅倉屋は買い取った古書を自分の商品として顧客に売り捌くわけです。「読杜艸堂」の朱印を己が売品に捺印して商行為を事としていた寺田望南が、

図35　末松博士訳『源氏物語』

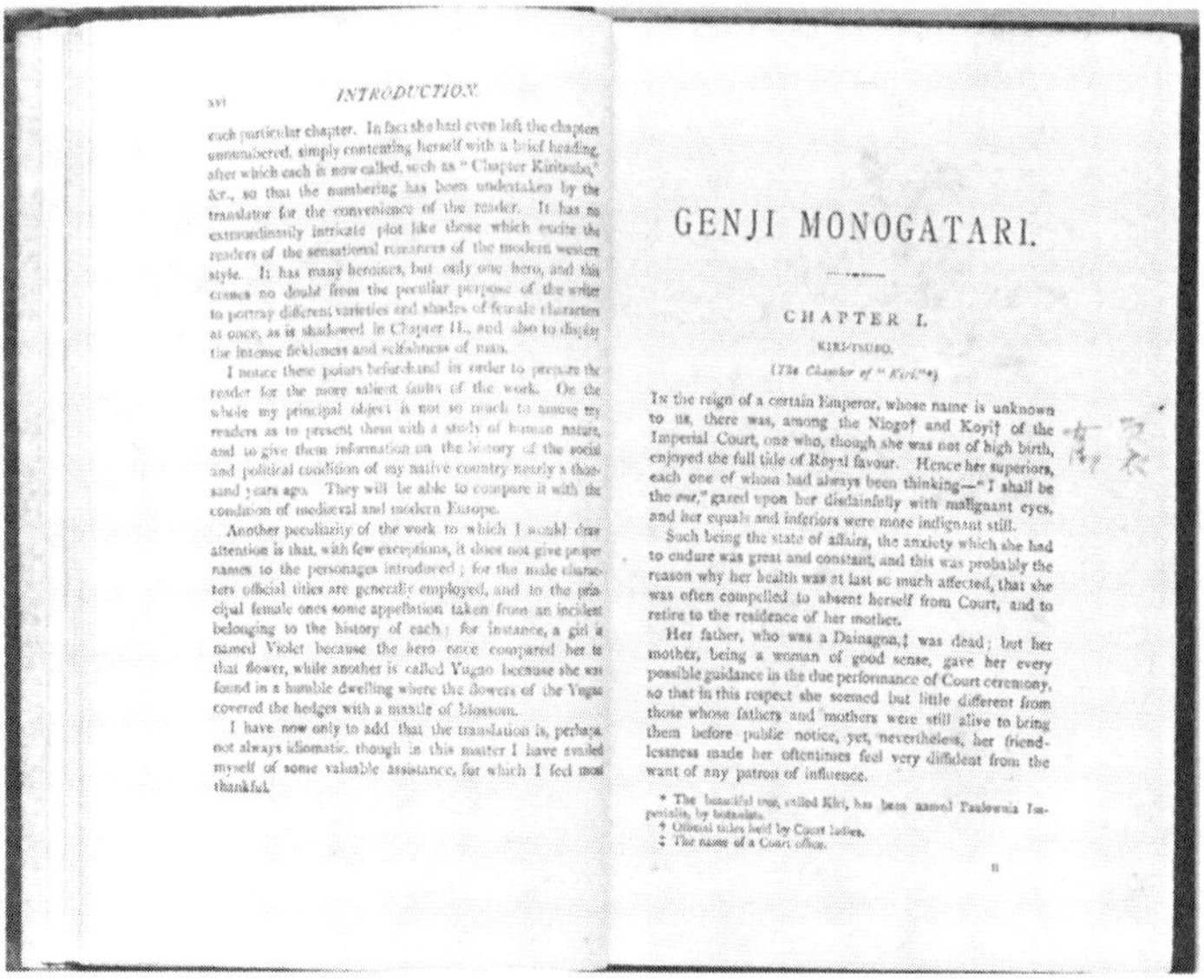

xvi　　*INTRODUCTION.*

each particular chapter. In fact she had even left the chapters unnumbered, simply contenting herself with a brief heading, after which each is now called, such as "Chapter Kiritsubo," &c., so that the numbering has been undertaken by the translator for the convenience of the reader. It has no extraordinarily intricate plot like those which excite the readers of the sensational romances of the modern western style. It has many heroines, but only one hero, and this comes no doubt from the peculiar purpose of the writer to portray different varieties and shades of female characters at once, as is shadowed in Chapter II., and also to display the intense fickleness and selfishness of man.

I notice these points beforehand in order to prepare the reader for the more salient faults of the work. On the whole my principal object is not so much to amuse my readers as to present them with a study of human nature, and to give them information on the history of the social and political condition of my native country nearly a thousand years ago. They will be able to compare it with the condition of mediæval and modern Europe.

Another peculiarity of the work to which I would draw attention is that, with few exceptions, it does not give proper names to the personages introduced; for the male characters official titles are generally employed, and to the principal female ones some appellation taken from an incident belonging to the history of each; for instance, a girl is named Violet because the hero once compared her to that flower, while another is called Yugao because she was found in a humble dwelling where the flowers of the Yugao covered the hedges with a mantle of blossom.

I have now only to add that the translation is, perhaps, not always idiomatic, though in this matter I have availed myself of some valuable assistance, for which I feel most thankful.

GENJI MONOGATARI.

CHAPTER I.

KIRI-TSUBO.

(*The Chamber of "Kiri."**)

In the reign of a certain Emperor, whose name is unknown to us, there was, among the Niogo† and Koyi† of the Imperial Court, one who, though she was not of high birth, enjoyed the full tide of Royal favour. Hence her superiors, each one of whom had always been thinking—"I shall be the *one*," gazed upon her disdainfully with malignant eyes, and her equals and inferiors were more indignant still.

Such being the state of affairs, the anxiety which she had to endure was great and constant, and this was probably the reason why her health was at last so much affected, that she was often compelled to absent herself from Court, and to retire to the residence of her mother.

Her father, who was a Dainagon,‡ was dead; but her mother, being a woman of good sense, gave her every possible guidance in the due performance of Court ceremony, so that in this respect she seemed but little different from those whose fathers and mothers were still alive to bring them before public notice, yet, nevertheless, her friendlessness made her oftentimes feel very diffident from the want of any patron of influence.

* The beautiful tree, called Kiri, has been named Paulownia Imperialis, by botanists.
† Official titles held by Court ladies.
‡ The name of a Court office.

B

浅倉屋から静嘉堂の払い本を買い取って成簣堂へ転売したたぐいも残っております。

静嘉堂ではそれとは別に、重野成斎は軟派物は嫌いであったため、一括購入した蔵書の中に黄表紙その他の絵入本があると、大部な物を浅倉屋へ払ってしまったそうです。すると、当時、文庫で製本の仕事をしていた若い片岡某が、その大部な絵入本を払ってしまったのは惜しいではありませんか、買い戻したらどうですかと諫めたところ、それでは買い戻そうかと浅倉屋へ話をしたら、向こうも商人ですから、払い戻しにはかなりの高額を要求しました。それでは割が悪いと買い戻しはダメになったということでした。私は片岡某が老人になってまだ元気に勤めていて、自分の写本などを製本して貰ったりしたついでに、昔話として話すのを聞いて、惜しいことをしたと思った次第でした。成斎は結局史料になるものだけに目が行っていたので、広く和漢書を蒐集する仁ではなかったと言えましょう。

片岡老人から話を聞いた頃、昭和六、七年より安田（二代善次郎）さんが昭和十一年秋に急逝されるまで、実は私はある一時を、安田文庫の仮小屋の書庫の中で洒落本・黄表紙の中で暮らしていました。それを頴原退蔵《えばらたいぞう》先生が御承知で、先生から洒落本『雪月花』の原装本がわからないから、あったら教えてほしいと言われたことがありました。その質問を受けた時にはいくつかあった『雪月花』の中、真に初印の原装本と言えるものはありませんでした。三村竹清さんは黄表紙、特にまた洒落本をよく揃えていましたが、書目は網羅していても、繕った傷み本が多くて、原装初印などというたぐいは探すのに骨が折れる有様でした。それは値を出さない集め方の結果で止むをえません。

昭和六年十一月、千葉鉱造さんの江戸絵入本のコレクションを、一誠堂が札元になって入札会が行われることになって、立派な目録なども配って、いざ入札の当日に、千葉さんが右翼に手を回したとか何とかで、その筋から入札中止の命令が出て、一誠堂の主人酒井宇吉氏が入札場から引き立てられるという妙な事件が起きました。いわゆる「狐につままれたような話」とはこのことでしたが、千葉さんには入札目録に載っていない洒落本・黄表紙その他の絵入読物などの百巻箱が幾棹もあって、それらをそのあとで安田さんが引き受けられました。保存のよい綺麗な本も少なくありませんでしたが、その頃、ほかにもあちこちからそのたぐいをたくさん持ち込まれることがあって、私は安田さんから言い付かってそれらを較べ合わせて、文庫には保存のよい、願わくは初印の原装的な本ばかりを残してほかはいずれは払ってしまうつもりで整理しておりました。初印の保存のよい原装本の大揃いにするために始終骨を折っていました。正直のところ、私は江戸物を本気にやるつもりは毛頭なく、印刷出版文化史の考究には若干参考になると思う程度の気の入れ方で扱っていましたけれど、何しろ若くて記憶がよい盛りの最中でしたから、一々全部を引っくり返して見ないまでも、全部空で処理できましたから、実は私にとっては造作もない仕事でした。内容は熟読しませんが、扱っている中に自然に少しは内容も覗きますから、洒落本の方がインテリ向きだと思って若干興味を持ちました。その頃少し踏み込んで、論文の一つ二つも執筆しておけばよかったかしらと今になって徒《いたず》ら気が起こります。

安田さんのお蔭で、誰よりも江戸絵入物のよい本を数多く見せていただけたことは幸いでした。ですから久原文庫の江戸物の一大蒐集に出会ってもさっぱり驚きません。あれを見てビックリしている人を気の毒だと思っています。雄松堂にマイクロフィルムを許可してその解説を担当する準備は、実はとうにできているのです。別の意味で、あれはやっておいてよかったと思っております。

しかしながら私の人生にとっては、一生、江戸の軟派物は過眼するだけで、力を入れずにしまってよかったと思っております。これは、一つには松井簡治先生の影響と、古代・中世の文化史に主力を注いで、漢籍・仏典の大鉱脈に分け入ったせいだと思います。ただ、安田文庫のそれらの蔵書は全部焼亡してしまいましたから、私の若い時の努力も無になってしまいました。私のことはさておいて、文庫の焼亡は繰り返し申し上げます通り、私の不徳のいたすところと全く申し訳なくいまさら弁解の言葉もありません。

3　明治三十年頃の学儒・好事家の蒐書

次に明治三十年代頃の学儒・好事家等の古書の蒐集について述べますが、その順序は多少前後不同になろうと思います。

一　小杉榲邨（杉園）

小杉榲邨（杉園）は阿波の蜂須賀の藩士で、維新後、藩の阿波国文庫の蔵書を多く拝領し、阿波国文庫には屋代弘賢の不忍《しのばず》文庫や柴野孝彦（栗山）の蔵書などがまとめて入っておりますから、その和漢書の内容はすこぶる豊富です。そのほか、自分でよく目が利いていますから、書画古文書まで広く蒐集しました。随分、商売人相手に掘り出し物をし、商人の鼻をあかしたものですから憎まれて、そのため死後に蔵品を入札した際に敵打ちをされました。それは古物商たちが連合して表向きの入札会では全部をごく安値で落札した振りをして、後で本当の入札会を行って多分の利益を挙げました。和田雲村も小杉本をたくさん買い求めていますが、別に、静岡県森町の藤江家に古文書や書画をたくさん引き受けて貰った形で残しました。それには若干模本もありましたが、筋のよい物が豊富にあって、私は最初に見せられた専門家として久し振りに眼福を得ました。私の報告が基で、正倉院文書などが指定を受けましたが、全部まとめて県に入り、県立美術館開館の蒐蔵品の基礎となって保存されることになったのは結構でした。小杉さんは松井簡治先生と親しくされていたようで、小杉さんの件は松井先生から詳しく伺ったものです。森町の藤江家の分は、私が静岡の学校へ監督に行ったお蔭で、知人に案内されたのです。

二　大野豊太（洒竹）

大野豊太（洒竹《しゃちく》）は熊本県人で、古本蒐集では徳富蘇峰先生よりは先輩格で、先生が和漢書蒐集に志された明治三十年代の初めには、もう押しも押されぬ当時第一等の珍本奇書の一大蒐集家となっていました。先生の善本蒐集の基礎を作るために力を添えたのも洒竹です。洒竹は島田翰の物をまとめて蘇峰先生に斡旋しました。洒竹文庫の俳書の部も飛び切りのコレクションですが、これは後に東京大学の図書館に入りました。和漢書のコレクションは没後、一括して個人に譲る、商人には売らぬということを宣言しておりました。その洒竹文庫に目を付けたのは村口半次郎で、素人の蔵書家で大口に買い入れそうな人物を物色して、まず、徳富先生に目星を付けました。先生は洒竹とは縁が深いし、流石は村口です。先生の手控えを見ると、大正三年の年末頃には、先生は一括買いの名目人になる様子が伺われます。先生は洒竹の目録で引き取る物をチェックされています。ところが、その一括購入の名目人は急に松廼舎《まつのや》文庫主人安田善之助（後、二代善次郎）さんに変わりました。徳富先生は安田さんとは欲しい物が余り重複しないと思って折り合われたと私は推測しますが、実は安田さんは、五山版の正中二年刊行の『寒山詩』などを抜かれました。既に安田さんは、松廼舎文庫にも西村兼文の物や古版本等も集めておられました。村口の語るところによると、全体の三分の一を先に抜くという約束だったと言います。その後を徳富先生が抜き取られました。それは大正四年の一月五日のことです。徳富先生のところにも随分あります。酒竹は「大野蔵書」という四角い印をごく少数の本に捺していますが、「酒竹文庫」の印は村口が捺したと言います。長沢兄などは、本屋にしてはましな印を捺したものだと口にしていました。村口の話では、安田さんを一口買いの名目人に願って酒竹文庫を買い取ったことを内密にしていたのに新聞記者に知られて、村口が安田さんと組んで一芝居打ったというように大々的に書かれて困ったと、村口は私にその当時のことを打ち明けました。しかし、徳富先生のことは何も申しませんでした。私は今回成簣堂の再調査で先生の手控えを拝見して、その時の内幕を村口から聞いた話と併せて承知した次第です。そして、村口は私が安田文庫の購入を何でもお任せいただけるようになった時に、手もとに残してあった酒竹自筆の文庫の目録と購入の控え簿との二冊を私にくれました。今も私の手もとに残っております。

酒竹は他人から珍書を借りて返さないことでも有名だったようです。前に記したことがありますが、松井先生もその厄に遭った一人で、相手が医者と知つて、医者なら世話になることもあろうからと催促を諦めたら、専門は梅毒だと聞いて、それなら「こちとら」（先生の口ぐせ）は世話になることもなかったと笑い話にされました。

三　島田重礼・翰父子

島田重礼は、狩谷棭斎の学問の筋を引く海保漁村《かいほぎよそん》（慶応二年・一八六六、六十九歳没）に学を受けたのですが、明治政府の帝国大学に地位を得て、政治の才があったのでしょう、服部宇之吉を女聟に迎えるほか、漢学に閨閥を張りました。諸橋轍次先生が最後に私に言われた言葉の中に、「服部宇之吉先生は東大閥ばかりでなく、もう少し漢学界全般を考えて下さるとよかったが」と言われたのが強く耳に残りました。重礼は、松井簡治先生の漢学の力を買われて熊本の五高の教授に推薦したのですが、松井先生は地方へは行けぬので辞退されたと語られました。重礼の長男鈞一先生は、新設の東京文理科大学に服部博士の推挙で来任されました。これもまた閨閥の人事の延長で、その鈞一先生は、また私の漢学の力を認めて下さいました。師弟二代の縁を感じた次第ですが、それは、私が先生の義兄に当たられる安井小太郎先生に、東京高師の時漢学を熱心に学んだので、先生が私を漢学志望かと誤解されたためです。鈞一先生は順当に家学を継承されただけでしたが、末弟の翰（彦楨）は、重礼夫妻の鍾愛を一身に受けて、重礼が官学の好遇で、漢籍の善本古書を蒐め得た蔵書を基に校勘の学に励みました。重礼は清朝の考証学というよりは、むしろ棭斎・漁村の学統を受けていたから、善籍を集め校勘の学に資することも得たのでした。翰は幼少より父の愛撫を受けて学び、漢作文も巧みで、当時その方面を志す者も乏しかったから、親の七光りも伴って、兄を超えて家学を表彰するかに見えました。そしてよその蔵書にも「島田翰読書記」の大きな朱印を捺して己が読書を誇りました。父重礼の没（明治三十一年）後、三十三年に、川越の新井政毅より五山版『山谷黄先生大全』（七冊）等を自身で求めているなど、翰自身も若干購求もしている。そして、三十六年頃には、手もとの資料を基にして『古文旧書考』を成稿したので、使用済みの資料たる善本類を手離したのです。中に節用文字――実は二巻本『色葉字類抄』（零本）、『貞永式目』（慶長刻本）等若干の国書をも含みますが、計六十七部二百三十七本のほとんどは、漢籍――宋刊本以下元刊、朝鮮本、日本古鈔・古版等の善本類でした。代価は総計七百七十六円五十銭也のところ、六百円で明治三十六年十二月十九日、大野洒竹が青山の徳富邸へ現品を持参受け渡しを完了しています。これが成簣堂文庫の蒐集の第一の基礎となりました。

しかし、翰はその余徳で、『古文旧書考』（四冊）を三十八年三月に民友社から出版することができました。その出版は、この方面では同類書に乏しいから、当時の和漢書の校勘学も狩谷棭斎の没後は地に落ちていた状態故に、率直に申せば斯界が無知に等しきがために、一種の驚きをもって迎えられたようでした。しかしながらその記述の内容は、その中には正しい知識も含まれてはいますが、偽妄に満ちたものでした。昭和六年に、長沢規矩也《きくや》学兄が成簣堂文庫善本書目の編纂に従事した際、翰の稿本類を見てその点に注目して論考を公表されましたが、もっと別の視角をも加えて論じ直しておくべきでしょう。翰自身、基礎的な漢学の知識がないわけではないのに、なぜに学んでいるうちに方向を誤るに至ったのでしょうか。指導する側に、その知識が足りなかったこともあるとも言えるかもしれません。あるいはまた、勉強の報告を親に語る場合に、内容を飾ったりしたことが拡大して行ったものかもしれません。結論的に率直に申せば。翰はもっと努力を惜しまず努めれば、さらに公私の文庫を広く閲覧することもできたのですから、なお一層博覧勉学すればよかったのです。自分の手もとの蔵書を過大視して、実は狭い範囲の限界で済ませていたのが第一の不足であったと言えるでしょう。

　昭和の初め、神奈川県立金沢文庫が開館されて、旧金沢称名寺の蔵書（古文書を含む）を知識の基礎にして、関館長以下館員が古書の勉強に励んだ時、ずぶの素人が着手したのだからその苦労は大変なものであったでしょうが、知識の拠り所が足もとだけで狭少なための報告の結果をば、当時の日本図書館協会の世話役で書誌学にも興味を寄せていた中田邦造氏が、いみじくも関氏等の行勤を「金沢文庫書誌学」と呼んだことがあったけれど、遡って島田翰の場合は皮肉に考えれば、「（島田氏）雙桂園書誌学」と称したら、言い当てて妙であるかもしれません。

　翰は、自分の持ち得た知識の中で思いを巡らして、こういう書物があればよい、ああいう物が惜しいと推量して、自分の説明に都合がよいと思う書物をひねり出したのです。そして、その説明が偽妄に満ちた結果となったのです。『古笈題略』の中に、「公羊伝一書、古罕伝本、及永禄元年伝刻宋全氏万巻堂本出、始多行于世、狩谷掖《ママ》斎著掖《ママ》翁過言、乃云永禄公羊伝、従隋唐遺巻出、証以其避民字、不知余有勤父名愍、乃避其家諱也（下略）」とあるのですが、「掖《ママ》翁過言」なる梜斎の著と称するものを、翰は再度自己の論拠に引用していますが、それは翰の作偽の書名でしょう。かつまた、『公羊伝』の永禄元年（一五五八）刻本なるものについては、梜斎も『経籍訪古志』の中には言及せず、梜斎所蔵の『公羊伝』は、元大定四年刊本（十三経の中）ただ一本で、ほかは尾州家に現存する金沢文庫旧蔵の『正義』のみです。翰は第一、梜斎の「梜」字の木ヘンを扌ヘンに書している程度の知識であって、『掖《ママ》翁過言』なる書をどこからかひねり出したのです。その内容が、ほかの梜斎関係の著述に現れていない点も疑問を残すと思います。かかる偽妄の書を梜斎に仮託するのは、梜斎の学を汚すことはなはだしきものと言わねばなりません。翰は、わが建治丁丑（三年・一二七七）に『呂氏読書記』なる雕本があると述べていますが、同時代の禅籍の渡来並びに宋学の伝来の状態から察して、その種の刻本などが行われる情勢ではないと考えられます。彼自身の描く儒学大系が、かかる妄想を産んだものと見るほかはないでしょう。

翰の偽妄の解明は、そのうち別に詳しく論考することにして、ここには『古文旧書考』に掲げる旧刊本考の中、李善注『文選』の応安刻本、『白氏文集』の応安以上刻本の二本は、翰の偽妄なるを指摘するに止めます。かかる版本は残存しないばかりでなく、南北朝頃のわが学界が、この種の出版を必要とするわけがありません。これらは平安朝の盛時、菅原道真の頃、『文選』の購読研究が旺盛で、『文選集注』の編著が出現した頃ならばいざ知らず、南北朝に禅僧の間に詩文が盛んに行われたといっても、それは『黄山谷』や『柳文』『韓文』程度で、それらを夢窓国師の俗甥妙葩《みようは》が、来朝刻工に仕事を与えるために自分たちが必要とする経書詩文等を出版した中で出したのです。翰はまた、「明応乙卯之歳十一月吉旦印行十三小字」なる解説で、「明応活字刊本」と称するものを掲げているのですが、その時代に活字版は存在しません。明応に出版された『聚分韻略』は周防版で、明応癸丑（二年・一四九三）の出版本があり、足利学校にも残存していますから、翰はそれにヒントを得たのでしょう。なお、慶長中に「儀礼鄭注　一通」ありとしていますが、当時『儀礼』などの出版は行われていません。また、必要ともしませんでした。

翰は、漢作文は巧みですから、漢文を読む力はすぐれていたに相違ありません。『古文旧書考』を始め、文求堂田中慶太郎氏が、友情をもって翰の追悼に編刊（大正十一年一月）した『訪余録』の諸篇にも名文が見られます。

前にも記述しましたが、文求堂子の語るところによれば、日露戦争で陸軍はシナ語の通訳を大いに必要としていたため、語学に堪能な文求堂子などは仕事が多くて懐が豊かであったので、翰を誘って、酒食をしばしば奢ったところ、翰はそれが病みつきになって遊びを覚え、後に女色にも耽るようになったようなのですが、昭和六年に成簣堂の書目を編纂している時、古くからの秘書役の並本仙太郎（浅峯）さんから聞いたところでは、翰は女が好きで仕方がなかったと。私が思うに、それは彼の相愛の妻（秩父氏安）が、明治四十三年五月に没した後のことで、その寂寥を慰めるため遊びに耽るに至ったものと思われます。その資のための手もとの蔵書なども沽《う》りつくし、金沢文庫のものなどを時々持ち出していたのでしょう。その際、大正三年末にたまたま称名寺の門前で徳富先生に出会いましたが、その時の翰の周章の様子を先生は、『訪余録』の扉に左の如く手識しておられます。今参考のためその全文を掲げます。「是旧知嶋田翰遺著也、翰篁村老儒二子、弱冠才気煥発頗通校勘之学、揮翰如飛田筆代舌、其博弁鴻辞使驚服嘆服也、但意志薄弱品性卑下、竟斃非命、可悼夫因記、大正三年歳晩予拉家児其他少年数輩、従横浜経杉田遊金沢、偶於称名寺門前与翰相見也、輪在人力車上見予勃然色変、遂不交一言、是予与彼最終訣別也、嗚呼可悲夫。大正辛酉（十年）一月念一月念九於観海亭猪」。

伝統の家筋の中で生い立っても、その幸福な境遇にあって、幸いに学業を成就し人生を全うすることは容易ではないもののようです。

私が翰に出会ってみたいと思っても、翰が世を終えたのは、私が池袋の成蹊実務学校で歴史に興味を抱いて勉強している最中でした。

翰は、金沢称名寺から金沢文庫の物を引き出していたようですが、当時の称名寺は保管体制が極めて不備でしたから、香資なしに目的を達したのでしょう。寺院は香資を奮発しなければダメです。私が大和国中に残存する古本大般若経の調査を行った時、龍門文庫主人（阪本氏）が付いていたお蔭で香資を失礼なく捧呈したので、どこの寺院でも快く見せて下さったものです。私共の調査回訪が大和一円に評判になっていて、尋ねて行くと待ち設けていて下さったほどで、拝見調査も極めて順当に功を収めた次第でした。拝見するだけでもその通りです。徳富蘇峰先生なども、僧家の使徒を配下にして多分の香資を献呈して、鎌倉その他の古寺院から庫ごとそっくり雑本の山をいくつも譲り受けられました。その中に多少の善本もありましたが、それが成簣堂文庫の書庫を満たしている、後世に役立つ附訓刻本の仏書の大群です。

翰は、最後に足利学校遺蹟図書館のような管理体制の整ったところの善本に手を付けたので失敗しました。昭和初年、学校図書館の管理委員の一人原田政七氏が島田家へ官憲に同行し、隠してあった学校の古本を見付け出した時、翰の母重礼夫人は皆の前で泣き崩れたと聞かされました。

結局は、翰のしくじりも香資の不足からです。研究調査についても、経済的な後援が欠けては全うできないのです。

四　内藤虎次郎（湖南）

内藤虎次郎（湖南）先生は、徳富先生に和漢書の蒐集をお勧めになったほどで、早くから善本をも蒐集されております。もちろん専門の学を究められる傍らの営みではありますが、見識をそなえられ、目も利いておられますから、多くのすぐれたものが集まっております。私が「恭仁山荘」で半日書庫の中に導かれて、手ずから各種の善本を取り出されて御教示賜わった一生の仕合わせは、終生忘れることはできません。私が先生の没後、「読書観籍日録」に追愧の一文とともに、先生から教示をこうむって記憶に残るその時の善本の書名を列記しておきましたら、大阪府立図書館がそれに基づいて、先生の善本を抄出して追悼の記念展覧会を催して図録を作成しました。そんなことはどちらでもよろしいけれど、先生御自身は、善本目録などは作っておかれなかったように思われます。先生の蔵書の中、唐本は広島大学に納っていると思います。先生のことですから明版のよいものも多く所持しておられたと思います。文求堂の田中慶太郎さんは、漢学・東洋史学では先生だけを特に崇敬しておりましたから、先生のもとへも特別に留意して唐本を納めたことと思われます。

先生は、「私は若い頃、佐竹家の蔵書で勉強した」と言っておられました。若い時広く読まれた日本のものが先生の広い基礎になっていると思われます。私は若い頃先生の著書を読んで、シナの方へ引き付け過ぎるような気がして、多少反発していましたけれども、段々勉強してみると、先生の言われるところが納得できるようになりました。こちらが少しは進んだからであります。

五　狩野亨吉

明治の中頃（三十年代以前）に一番多量に和漢書並びに一枚摺（浮世絵各種）を購入された学者の随一は狩野亨吉《こうきち》先生でありましょう。先生は京都大学の文科大学長をなさって、その蔵書の一部を東北大学に譲られました。その資金は斎藤氏が出されたので、先生は所蔵の多数の浮世絵（おびただしい軟派のものを含む）を斎藤氏に贈られました。なおまた、蔵書の一半を市場の入札にも出されました。和田雲村が購入した（久原・岩崎両文庫に分蔵されている）青本・黒本の集積も先生の旧蔵であります。安田文庫に、安田大人が大正十二年の震災後に引き受けておられた江戸市中の墓碑の原拓本（一枚刷）、千社札そのほかの一枚摺の集積、それらも皆狩野先生の旧所持物でした。何と莫大な蒐集かと驚かざるをえません。しかもそれらの代物は、ことごとく、門弟の借金の保証をして無一物にされてしまわれて、後半生、生活にも苦労されたのは何ともお気の毒に思われます。しかしながら安田文庫分は惜しくも焼失してしまって残念ですが、ほかの物は後世大変な文化資料として、先生の炯眼は余人の見向かぬものを残されたのであります。狩野先生の例だけではありませんが、先生にくっ付いている弟子などという手輩は、先生を利用するばかりなのが通例で、すぐれた弟子は離れて独立して活動するものであります。――私は専門の大学で教導しなかったから専門の門弟などはなくて、あるのは同学の若い友人だけであるのは却って幸いであります。

先生は若くして第一高等学校の校長となり、京都帝国大学文科大学長となられ、昭和天皇の東宮御学問所では倫理学（帝王学）御進講の有力な候補の一人で、和漢洋に達した学者であられました。ただ晩年私などが親しくお目にかかった頃にも独身で、姉さんと暮らしておられてどこが偉いのかわからないような具合でありましたが、流石に時々鋭い意見を口にされました。私には、何とも惜しい先生と思われました。先生の窮状を心配して、昔一高時代に教えを受けた弟子の成功している人たちが醸金したりもした由ですが、そういうものまでも借金保証になってしまったように聞いております。——それを戒めにして、私は一切金銭の貸借をしないことにしています。私は松井先生が狩野先生から贈られたという『化《け》城《じょう》笑《わらい》具《ぐさ》』という室町写本の辞書的な珍本を模写させていただいたので、それを製本して、狩野先生に題簽を書いていただいたのを記念として大切に秘蔵しております。

六　市島謙吉（春城）

市島謙吉（春城）翁については、私は多くを語らなければならないのですが、今回は私とのかかわりを率直に申しておきたいと思っております。稀書複製会の終焉の話は別にまとめて発表しましたか

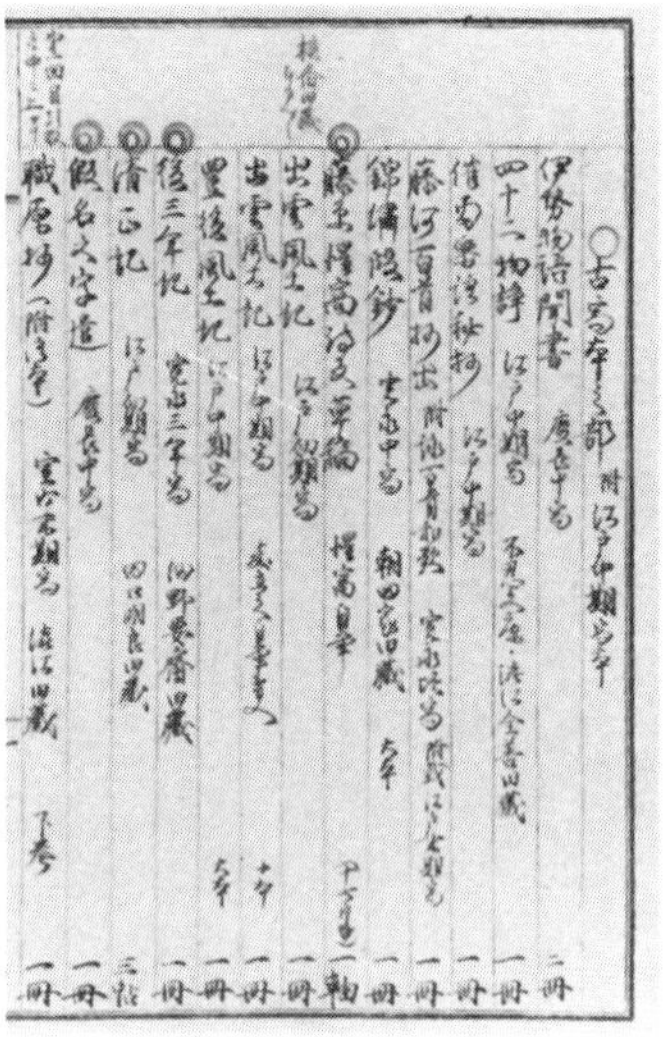

図36　市島春城翁自筆蔵書目録

ら、ここには重複を省きますが、まずここでは、春城翁が若い頃から琳瑯閣のよき顧客として、田中青山伯に次いで鄭重に扱われて上席に座していた人であったことを紹介しておきます。市島さんは、昭和の初め入札をして蔵書を多く売り払ったようですが、一番愛好していた主要な物は最晩年まで手もとに留めていました。安田さんが急逝される前年のことですが、昭和十一

年にそれを残らず安田さんに買って貰われました。その時の自筆の書留めの目録だけが私の手もとに残っております。それは安田さんから私に渡されたものです。しかし、その全部が焼けました。その内容は大変なものです。その目録はいつか覆印しておきたいと考えております。その時、その目録外（主として版本）は一括して文行堂へ払われたものがたくさんありました。安田さんはその中から必要な物を抜いてくるように私に命ぜられましたから、私はその時初めて文行堂の二階へ上がって、かなりの分量を引き取りました。市島先生は豆本なども集め、そのため古本屋は豆本を製造したといわれておりますが、先生の蒐集は実に多方面です。私の見た中にはもちろん豆本などはありませんでした。私はこうして、春城文庫の最後を見取ったことになりました。けれどもこのようなことは市島先生は御承知なかったでしょう。

七　松井簡治

松井簡治先生は、最も専門の学者らしい特色の豊かな学術的な蔵書二万冊を蒐集されました。先生の蔵書の蒐集の発端には特別なエピソードがあります。先生の家筋は高崎藩（大河内）の藩士で銚子詰めの役人でしたから、醬油商の浜口儀兵衛氏と昵懇で、その方の話も伺いました。若くから漢学に励み、先生はよく「私は漢学の方が専門だよ」などと言われたことがあります。それで島田重礼に重んぜられたわけです。「東京大学の古典科へ入ろうかと思ったが、読んだものばかりを習うのでは詰らないから止めたが、自分が別の教育科みたいなところへ入ったから古典科の卒業だと誤解している人がある」などと言っておられました。先生は、有名なお雇い外人のボアソナードが入学で教員養成のような科を作ったので、それへ入った。入学試験は英語の会話なので、そのため工夫をして英作文をまとめて面会に行ったと面白い話をされましたが、それは省きます。とにかくその才覚でうまく試験に受かって卒業したけれど、ボアソナードが条約改正の件で日本を去ったため、その科は一回切りで廃止となり、大学では、はなはだしい継子扱いをされたとの話でした。何でも谷本富《とめり》が同級生だったそうです。しかし、とにもかくにも大学の卒業生のうちだから、卒業後、大学の図書館の本を見せてくれと申し入れたが、卒業生ではないからダメだとけんもほろろに断わられたのが頭に来て、「それなら見せて貰わない、俺が自分で集める。その代わりそっちにも見せてはやらぬ」と、早速に集め始め、和漢書の古書の一番の老舗は浅倉屋だからこれがよかろうと、「何でもよいから車一台持って来い」と注文した。浅倉屋は変な注文と半ばバカにして、ガラクタを車一台持ち込んだ。「よい置いて行け、もう一台持って来い」と言うと、今度は流石に少しましなものを運んで来た。それからドンドン注文して持って来させたが、後からクダラナイ本は返してやったから、結局は損はなかった。先生はこうして浅倉屋第一のお顧客《とくい》様になられたわけです。先生はまた、ハガキを古本屋へ配って出物があったら知らせるようにと依頼し、自らは自転車で古本屋を回訪されたとのことで、私共が学校で習った頃の先生は古稀の齢で、先生の自転車姿など想像もできませんでした。蒐集のためには異常な努力をしなければ集まるものではありません。

先生は江戸文学のいわゆる軟派物はお集めになりませんでしたが、名古屋の著名な貸本屋「大惣」が店仕舞をするので、一括売りに出たのを水谷不倒が先生に買わそうと話を持ち込んで来たが、そちらは向きが違うからと断わったけれど、引き受けておけば、大変な得だったよと笑い話をされたことがありました。

八　高木利太

高木利太さんとの関係は、安田大人の恩顧を賜わる以前からで、『古活字版之研究』が切っ掛けであります。私の『古活字版之研究』が手もとで体を成そうとしている頃、大阪毎日の専務高木利太さんがしきりに古活字版を集めておられるということを耳にしましたので、しかるべき人に紹介して貰おうと思っていますと、長沢兄と話をしている時、「高木さんなら直接申し込んでも大丈夫。先日『続家蔵地誌目録』を出されたので、欲しいと思って直接申し込んだらすぐに送って下さった。」と教えられましたので、私は高木さんに直接お手紙でお願いしましたら快く許され、甲麓のお宅へお尋ねしました。昭和五年の春のことです。最初に伺った日、午後には新聞社に出る用があるから、自由に見ていなさいと書斎兼用の見晴らしのよい書庫の中に私一人を残して出掛けられました。そして次回からはうちへ泊れと言われて、泊めていただくことになりました。まさ子夫人は「よい宿屋ができま

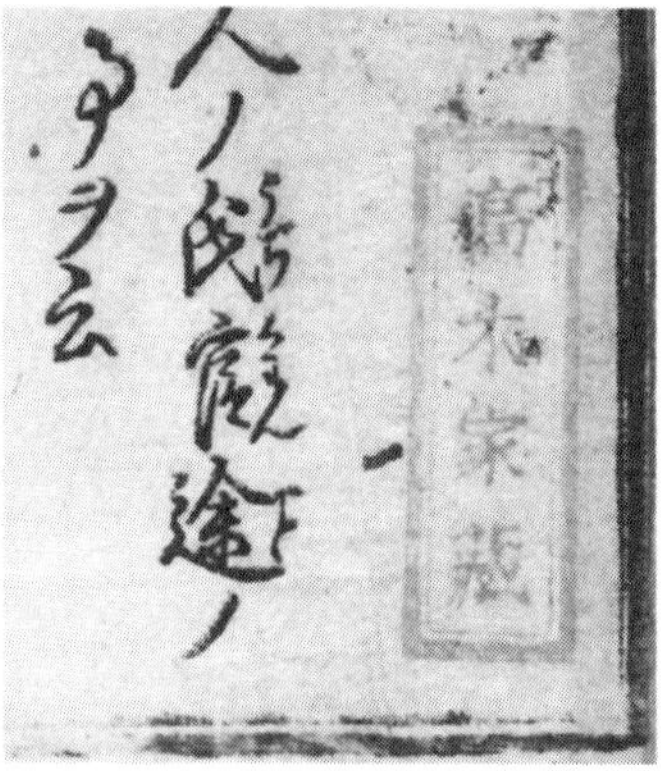

図37　高木利太蔵書印

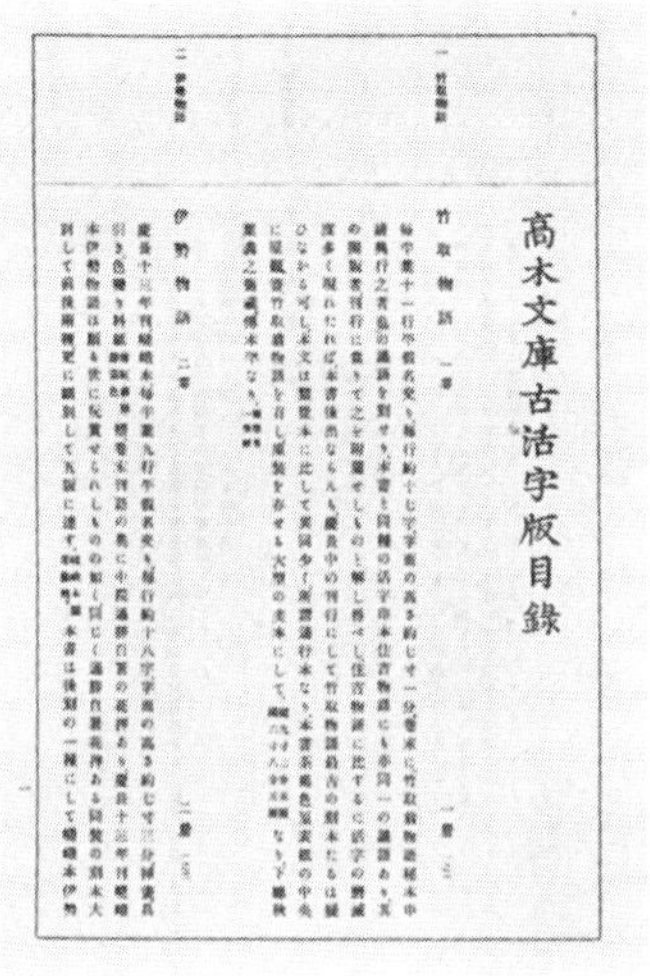

高木文庫古活字版目録

竹取物語　一冊

伊勢物語　二冊

図38　高木文庫古活字版目録

したね。」などと心安く言われて、親切にお世話下さいました。それ以来ずっと親代わりをして下さった次第であります。

高木さんが上京されると、いっもお伴をして古書店回りをしました。本郷の永森書店辺りへも立ち寄りました。永森は米沢辺りにも仕入れ先があるので、直江版『文選』の特装本などを持っていて高木さんはそれを求められました。高木さんのお伴をしたのが、相当な善本を買い上げる古本屋巡りの経験をした端緒でした。

高木利太さんの伝記については、私が編集の労を取った『高木利太追悼録』（一冊）があり、『高木文庫古活字版目録』は原寸大の図版を多く登載した目録で、古活字版のほかに善本をも附載してありますが、限定版の寄贈本で体裁も整った豪華版なのに、古本としては廉価なのをいぶかしく思っていましたら、近来は相当の高価になりました。当然の帰結であります。高木文庫中の最善本は、高木まさ子未亡人の希望を私が安田さんに取り次いで二回に分けて安田文庫に移りました（巻末附録に掲出）。

なお龍門文庫主人、自ら高木未亡人と交渉して譲り受けた古活字版が三十一部、五山版が『五家正宗賛』『冷斎夜話』『聚分韻略』の三部、ほかに『瞻草』、慶長十一年（一六〇六）刊『四体千字文』等があります。それは龍門文庫善本書目に全部注記してあります。

高木さんは筆が立つので、日本の地誌は正続二冊の『家蔵地誌目録』を刊行され、それ以前に『日本古建築菁華』（三篇）の有益な大冊を編刊されております。また、醍醐寺の『国宝諸寺縁起集』、高野三宝院の『五行大義』を捐費出版。古活字版についても自ら編刊されるお積りであったに相違ありませんが、果たされず筆者がお手伝いすることになりました。『高木文庫古活字版目録』は昭和八年十一月の出版で、その時、大阪府立図書館で記念の展覧会も催しました。

附録

1　徳富蘇峰旧蔵『成簣堂文庫善本書目』の序文

徳富猪一郎（蘇峰）先生は、私にとっては「先生」である。先生は、戦後の社会では忘れ去られているが、明治・大正・昭和の三代にわたり、最も長く旺んに活躍した操觚界言論界の第一人者、即ち、最高のジャーナリストで、一時は政治にも関与するなど、実に幅広い活動の生涯であった。かつまた史学者をも兼ねて、還暦以後一貫した皇国史観を持して『近世日本国民史』の大著作をも継続した。要するに、先生は戦前に功成り名遂げた人物であるが、その評価は後の世に委ねなければならぬけれども、その中でただ一つ、壮歳以来、明治三十六年から晩年まで半生にわたって、業余に趣味道楽の域を超えて、体系的かつ総合的に蒐集に努めた和漢書の巨大な集積「成簣堂文庫」こそは、将来、わが国の時世は幾変転するに相違ないとしても、その文化史的価値と意義とは、正に文字通り不朽であると思う。

成簣堂文庫の和漢書の一大集成こそは、有史以来の日本民族の発展の跡を明示するとともに、将来幾久しく発達を遂ぐべき原動力として、永世大切に愛重獲持されなければならぬ。ほかに掛け替えのない最貴重の資料の豊かなる宝庫である。

次に、そのゆえんをいささか解き明かしておこう。今、私がここに述べようとする内容は、前に日本経済新聞に乞われて執筆した「不朽なり蘇峰の蔵書」（一九八九・一〇・一七所載）そのほかに公表したものもあるが、ここに改めてその実体を解明しておきたいと考える。

先生は内藤湖南博士から集書の趣味の勧めを受けたと言っておられるが、明治三十五年四月大阪に湖南を訪い、『正平版論語』、高山寺影写本『論語』（巻子本）等を一見し、その興味を鼓舞された。翌三十六年十二月、同郷で早くより古書を蒐集していた大野洒竹より書籍狂の名ある島田翰の蔵書の購入を熱心に勧められ、その勧誘を受け容れることになった。しかしながら、これは事実、成簣堂文庫の善本稀書の有力なる基礎の一つとなったのである。

これによって先生の蒐集意欲が勢いづいたかの如く、すぐ続いて磯部屋・武田屋の古籍商が京都から五山版などを多数先生を目標に仕入れて来たものを購入、先生も蔵書の基礎が漸く固まったことに満足された。時に明治三十八年。爾来明治三十年代における蒐集の勢いは物凄く、その先生独特の蒐集方法としては、僧家の徒を動員して、香資を寺院に捧呈して、場合によってはそっくり庫ごと譲り受けてくるのである。森慶造（大狂）・阿部無仏等がその主なる使徒であるが、彼等は「禅史学会」なる会名を設け、その主事の名義で行動した。最初、京都でやり始めたが、間もなく地方筋の方がよいと気付き、鎌倉を始め東海道筋を足まめに回訪した。彼等は旅先から電報などで香資を依頼しなどもして活動した。

京都五山等の古刹に自由に出入りしていた学僧上村閑堂（観光）なども善本蒐集には力をいたした。こうして禅籍を主とする仏典、もしくは漢籍などの寛永以来の版本等普通書の大きな山がいくつも成簣堂の庫中に収蔵されたが、中には少なからざる善本が混在して来たのである。しかもこれら数多くの刊・写の附訓本は、聖徳太子以来我々の先祖が勉強を重ねて、大陸の漢籍・仏典をことごとく読み込んで日本語に訳し、向こうの文化を会得し、わが文化の発達に役立たせた知識の基礎をなすものである。

古寺院を対象に蒐集することは大正年代にまで及び、東金の西漸寺なども一蔵そっくり引き取った。それにはほかに見当たらぬ関東地方の古版経などが多数ある。

大正年間に入ると、東西の古本屋は販売目録を作成して活動を始めたが、先生はそれをよく通覧して多くの物を入手している。記録も残しておられるが、先生はすべての蔵書に入手の際、日付・値段・仕入先・冊数等を丹念に鉛筆で書物に記入してある。数十年間にわたるそれらの記録だけでも大変な参考資料である。

先生の長年の間の古書蒐集で直接自身で一番努められたのは古本屋巡りである。忙しい身体で少しの隙でもあれば熱心に回訪された。本屋の方も先生向きの資料を用意して先生の来店を期待したのである。その最も頻繁に通われたのは下谷の文行堂である。村口書房なども朝鮮から唐本・朝鮮本等を多く買い出して来たので先生の購入は少なくなかった。その村口からは大正四年一月に大野洒竹の遺書の善本をまとめて数多く引き受けられた。多数の一口買いでは島田翰と大野洒竹とが双璧で、先生もその因縁を感じて記録しておられる。洒竹文庫からの抜き取りがあって、善本の内容の幅が拡がったのは事実である。洒竹は早くに手を染めた明治年間の驚くべき蒐集家である。

先生は歴史に非常な興味を寄せておられ、後には『近世日本国民史』の大著も長年にわたって編修されたから、古文書も採集され、自然、日本文化史全体に着眼して、あらゆる文化資料に蒐集の手を拡げ、紙屑にされそうなたぐいまでも買い求めて、上記の仏書・漢籍から国書の各方面、古典から江戸時代の絵入読物、一枚刷に至るまで、日本全国に散在する古本類は、何によらずことごとく成簣堂文庫内に蒐蔵されている。

これを富士の山型に譬えれば、国宝・重文の最善本の古典籍をその頂点として、ずっと下方まで遥かに広く長く裾野を引く普通本（雑書）の堆積が横たわっている姿ということができよう。

和漢書を多数蒐蔵する図書館・文庫も全国に少なからず存在し、また善本をも保存する文庫も随所にあるが、文化史的に見て、いずれの分野いかなる種類内容をも漏らすことなく富士の山型に蒐蔵しているのは、ただ一箇所、成簣堂文庫あるのみ。これは先生が和漢書蒐集を趣味とされて数十年努められたばかりでなく、文化史家としての一面を持って長く操觚界の中心にあって活動を続けられたからである。先生は阿堵物《あとぶつ》になお恵まれたならばと思われたかもしれないが、先生とて多分の資を投じられた結果の一大集蔵である。先生の持っておられる諸条件が揃っていなければ、余人にできる芸当ではない。

日本全土に散在する百万・二百万にも上る全国の和漢書を全部ひっくるめて一つとして考えた場合、成簣堂文庫は正にその縮図的存在である。繰り返して言う。いかなる種類内容の古書をも漏らすことなく富士の山型に蒐蔵しているのは、日本広しといえども成簣堂だけである。古往今来、存在しない一箇の和漢書の一大文庫と言わねばならぬ。

2　西荘文庫旧蔵善本附記

ずっと前にこれに触れたことを少し述べた覚えがあるが、昭和六年頃、安田文庫のお手伝いに伺うことに決まって、邸内裏庭の空地の隈に新しく建てられた木造二階建の仮書庫へ、主人自らの案内で初めて中へ入った時、二階の南側に一つだけある三尺のガラス窓のそばの書棚に納まっていたのが、この西荘《せいそう》文庫の善本の一括であった。二階のほかの書棚には山中共古（笑）さんと三村竹清さんとの旧蔵書が詰めてあった。階下には狩野亨吉先生からの物、また、六合新三郎（本名、細谷佶太郎）の長唄本その他、逐次購入されたものが置いてあって、新調の五分板の桐の百巻箱が十ほども用意されており、これを適当に使うようにとも言われた。

私は二階の窓の明かりのもとで、西荘文庫本を急ぎ手に取って一巡拝見して、胸の高鳴りを覚えた。蜀山人の物は別として、古版本（五山版・古活字版等）にはこれまでほかで見なかった珍しい物がたくさん揃っていたからである。しかしながら、私は西荘文庫旧蔵の書物が棚に置いてあるのを見ただけで、買い入れの際の目録は安田さんが手もとに置いておかれたから、それを亡くなった後で初めて拝見したので、目録と照合する機会は持つことができなかった。ただ、後になって書目を見ると、どれとどれがあったかは全部記憶に残っている。その中で、一つだけ目録に載っていて、実物を見なかったものがある。それは後に述べる。

西荘文庫は伊勢松阪の富商小津桂窓の蒐集で、小津家は応挙百幅などと称せられたその方の蒐蔵もすぐれているとのことである。江戸の曲亭馬琴と親密なので、馬琴の手を経てよい本が集まったのである。善本を含む文庫の集積は、江戸末期においては有数の民間の文庫と言えよう。明治年間に一部分が分散したが、その後が大正十二年震火災の後の安田文庫に納まった分である。あるいはこれは、明治年間分散の際の善本ばかりが選択して別に取り置かれたものかもしれない。戦後に出た分は分量がかなり多かったようだが、善本は少なかった。もうそれで全部出てしまったのかどうか。

安田文庫に購入された西荘文庫の善本の一群は、文行堂の手で安田文庫へ納まるまでに買い手を求めてアチコチ持ち回わられたようである。これは大正十二年の大震災後、生《うぶ》な出物として最上の口であったと思う。

松雲堂野田文之助は、大正十二年の大震災の後、松岡某なる退役の海軍大佐なる男が、これを執拗に売り歩いていたと私に語ったことがある。松雲堂は、これを自分で扱える手合いではない（その松岡なる軍人の古手は西荘文庫の持主小津家の親戚か、どういうかかわりの人かもわからない）が、その軍人の古手はなかなかしたたかであると評していた。ただその時、松雲堂から聞いたところでは、その中に西鶴本などの大揃いがあって、それは別のところへ別れて引き取られたという話であった。それが三越の小田さんだという者があるが、私は小田さんの西鶴本は西荘文庫本ではないと思う。余りよい本ではないからである。また、西荘文庫の蔵本である証拠もなかった。小田さんの後嗣が安田銀行に勤務していて、文庫主人逝去の後、安田一さんに安田文庫へと希望されている様子であったが、私はその実体を知っているからお勧めはしなかった。それは横山重の手にかかった。

安田大人は大正十二年の大震災で、年少の時から集められた松廼舎文庫を全部焼かれて、大震災後、文庫を復興されるについては、御自身の安田家における御身分も、分家の松廼舎から本家の桐廼舎になられ、文庫も安田文庫と称することに改まった次第で、四大財閥の一総帥としての立場で文化的な活動を営まれる自覚に立たれての事業となったわけで、蒐集される内容も自ずから変わって来たのは当然であったと思う。

その新しい安田文庫蒐集の基《もとい》ともなるべき証《あかし》が西荘文庫の善本の内容と言うべきものである。この古版本・古写本・自筆本の一大集積が中心の柱となって、次第に発展して富士の山型に一大文庫が成り立ったのである。

その西荘文庫の買入目録は下記の如くであるが、目録には評価が記入されているが、評価の記入が漏れているものもあり、おそらく総計二万円ほどであろうと推測される。

書目の初めに見える師直版『首楞厳経《しゅりょうごんぎょう》』（市野迷庵旧蔵）は後に私が調べて公表したが偽造版であった。また、金沢文庫本は偽印で、元版『東坡詩集』であった。この書目に記載されている中に「帝鑑図説　寛永画入　十二冊」とあるのは、私は見た覚えはない。おそらく寛永画入とあるから、寛永四年（一六二七）八尾助左衛門尉開版の絵入古活字版に相違なかろうと推定されるが、私は西荘文庫本の中で見たことはない。文行堂の評価目録を見て初めて知ったのである。

もしこれが私が見た時に存在していれば、古活字版として必ず気付かぬはずはない。この西荘文庫を初め、山中笑（共古）さん・三村竹清さんの蔵書なども全部平河町の邸内に二階建の仮書庫を造って引き取られるまで、大橋図書館に保管を依託しておかれた。依託されていた大橋図書館の人が、三村さん・山中さんの本にはろくな物はありません、あんなものをどうしてお引き受けになったのかと言わんばかりの口調であった。山中さんなども珍しい本を持っておられたはずだが、それはほかへ買われてしまって、後に残った雑本だけが来たのである。

ところで、寛永四年の絵入古活字版は、依託してあった間に紛失したに相違ないと思う。私は今その紛失本の行方を突き留めたいと考えている。おそらく丹表紙のたぐいが付いていて素人目を引く本であったと思われる。寛永四年刊本を、慶安三年（一六五〇）に同じ八尾助左衛門が整版として復刻したものが長らく古活字版と誤り扱われて来た。私にとっても因縁深い古活字版の一つである。

なお、西荘文庫の五山版は拙著『五山版の研究』中に全部登録してある。

3　安田文庫購入西荘善本評価書目（文行堂横尾勇之助手筆）

＊下の数字は当時の書価

一　首楞厳経　師直版　市野光彦旧蔵印アリ　十冊
一　金沢文庫本雪堂集（東坡詩集）　五山僧書入　二箱廿五冊
一　勅版職原抄　合一冊
一　勅板神代巻　二冊　（二点で）1000
一　大蔵一覧　駿河版　一箱十一冊　1000
一　三鏡活字　鈴屋旧蔵印アリ　箱入十五冊　500
一　胡曾詩註　五山版　金沢文庫印アリ　箱入一冊　500
一　五燈會元　五山版　二十冊　1500
一　禅林類聚　五山版　虫入ル　廿冊
一　禅林類聚　五山版　後摺　天室・翠厳旧蔵　箱入廿冊　（二点で）500
一　氏族大全　五山版　五冊　200
一　祖庭事苑　五山版　四冊　200

一　圜悟心要　五山版　表紙カハル　三冊　100
一　大応語録　上本　五山版　一冊　100
一　勅脩清規　五山版　二冊　100
一　禅儀外文集　五山版　二冊　100
一　應　安　録　五山版　二冊　100
一　羅湖野録　五山版　一冊　100
一　延寿撮要　慶長活字　一冊　50
一　天文板論語　二冊　50
一　中　　庸　正運刊　一冊　50
一　論　　語　活字　二種四冊　100
一　慶長版和玉篇　三冊　50
一　犬つくば　活字　一冊　20
一　女　　訓　活字　一冊　20
一　童蒙先習　甫庵　慶長版　一冊　200
一　つれ〳〵寿命院抄　活字　二冊　100
一　易林本節用　合一冊　50

一 曾我物語　三冊欠　異り活字　九冊 200
一 帝鑑図説　寛永画入　十二冊 50
一 帝鑑図説　慶長後摺カ　六冊 200
一 六臣注文選　活字　一箱三十一冊 200
一 後水尾院皇朝類苑　活字　十五冊 1200
一 蒙　求　活字　六冊 200
一 鶴林玉露　活字　六冊 200
一 平家物語　嵯峨本　上本　十二冊 1000
一 方丈記　嵯峨本　一冊
一 仝　慶長活字　一冊　（二点で）1000
一 つれ〳〵草　活字　三種六冊 200
一 伊勢物語　光悦本　二冊
一 仝　活字本　（二点で）300
一 撰集抄　嵯峨本　上本　三冊 500
一 同　活字本　三冊 100
一 本朝文粋　活字　八冊 200

一東　鑑　活字　欠本　廿四冊　100

一和漢朗詠　古写本　二冊

一和玉篇外古写本　九冊　（二点）300

一蜀山自筆本風茂とのちり　三冊合本　廿九冊（八十七冊）

一南畝集外　二十一冊

一明版事文類聚　馬琴旧蔵　一箱廿五冊　100

一丹鶴調度

千とせのためし外　（二点）2000

一写　本　類　一括

（以上）

4　高木文庫譲受けの分

第一回

直江版文選　原装本　三十一冊
要法寺版論語　九条家本　二冊
新古今和歌集　慶元中刊　原装　四冊
史記抄　寛永三年刊　真如蔵旧蔵　原装　二十冊
三国仏法伝通縁起　慶長十二年墨書　一冊
春秋左氏伝　松花堂旧蔵・吉田篁墩自筆書入　十五冊
伏見板六韜　慶長九年刊　松崎慊堂自筆箱書　二冊
大学・中庸　慶長中正運刊　二冊
古注千字文　慶長十三年刊　一冊
同　無刊記本　一冊

花鳥風月　慶長中刊　一冊
清水物語　元和・寛永中刊　二冊
昨日は今日の物語　慶元中刊　二冊
昨日は今日の物語(下巻)　別版一冊
弁慶物語　慶元中刊　秋葉義之旧蔵　一冊
弁慶物語　別版　元和・寛永中刊(合)　一冊
仙伝抄　寛永中刊　一冊
花伝抄　寛永十七年刊　原装　一冊
城西聯句　元和四年刊　二冊
城西聯句　寛永元年刊　真如蔵旧蔵　二冊
多識篇　寛永七年刊　真如蔵旧蔵　二冊
匠材集　寛永中刊　真如蔵旧蔵　四冊
太平記賢愚抄　慶長十五年刊　二冊
竹取物語　慶長刊(大字)　秋葉義之旧蔵　一冊
大和物語(十一行本)　二冊
天台四教儀集解　慶長五年刊　真如蔵旧蔵　慶長十一年識語　原装　三冊

大成経鶊鵜伝（先代旧事本義）　九条家旧蔵　十六冊
法華秀句　元和江戸板　真如蔵旧蔵　原装　一冊
象戯馬法　寛永中刊　一冊
碁経（平仮名）　真如蔵旧蔵　原装　一冊
職原抄　慶長十三年刊　三冊
百官礼節　慶長十七年刊　一冊
〔以上、古活字版〕
論語私抄　室町末期写　慶長十九年識語　二冊
温故遺文　附拾遺　二十三冊（附四冊）

第二回

大和物語　寛永中刊　二冊
狭衣　同右　八冊
宇治拾遺物語　寛中刊　原装　八冊
ほうぶつしう（下）　寛永十六年刊　一冊
撰集抄（十二行本）　寛永中刊　原装　三冊

ぢんてき問答　元和・寛永中刊　原装　一冊
清少納言枕草子(十二行本)　五冊
平治物語(平仮名十一行)　原装　三冊
平家物語(十二行片仮名本)　慶長中刊　十二冊
太平記　寛永元年刊　四十冊(箱入)
無言抄(十一行本)　慶長中刊　三冊
錦繍段鈔　寛永中刊　九条家旧蔵　五冊
日本書紀抄　元和・寛永中刊　本能寺前板　三冊
承久記　寛永中刊　一冊
貞永式目抄(上巻)　元和中刊　一冊
女訓抄(中欠)　寛永十六年刊　原装　二冊
けつ馬の次第　寛永中刊　一冊
龍龕手鑑　真如蔵旧蔵　八冊
貞観政要(伏見版)　慶長五年刊　不忍文庫旧蔵　八冊
君臣図像　慶長刊　英王堂旧蔵　二冊
大学抄　元和・寛永中刊　一冊

中庸集略　元和・寛永中刊　二冊
列仙伝　慶元中刊　一冊
三略直解　寛永中刊　一冊
七書（伏見版）　慶長十一年刊　真如蔵旧蔵　四冊
残儀兵的　慶元中刊　一冊
補注蒙求　元和・寛永中刊　三冊
剪燈新話句解　元和・寛永中刊　三冊
韓文　元和・寛永中刊　九条家旧蔵（美本）　十五冊
長恨歌伝　慶元中刊　一冊
三体詩素隠鈔　元和八年刊　十二冊
三体詩絶句鈔　元和六年刊　六冊
笑雲和尚古文真宝抄　元和三年刊　十二冊
古文真宝抄　寛永中刊　六冊
中華若木詩抄　元和・寛永中刊　四冊
新刊黄帝明堂灸経　慶元中刊　一冊
医方大成論　慶長十五年梅寿刊　一冊

察病指南	慶長中刊	一冊
続錦繡段	慶長中刊	一冊
孔子家語	元和・寛永中刊	五冊
素問入式運気論奥	寛永二年梅寿刊	一冊
日蓮上人註画讃	寛永四年刊	一冊
顕戒論	元和三年宗存刊　校正書入　真如蔵旧蔵　原装	三冊
雑問答	真如蔵旧蔵　原装	一冊
三教指帰抄	寛永八年刊　高野版　原装	十冊
開心鈔	寛永元年刊　原装	三冊
四部録（十牛図）	寛永中刊	一冊
禅林問答（高台寺版）	慶長十八年刊	四冊
臨済録	寛永四年刊　原装	一冊
大慧普覚禅師書（乱版）	元和・寛永中刊	二冊
天目中峯和尚広録	寛永中刊　原装	十冊
夢中問答集	元和・寛永中刊　真如蔵旧蔵　原装	三冊
隆興仏教編年通論	真如蔵旧蔵	七冊

〔以上、古活字版〕

〔古活字版以外〕

古文尚書　五山版（有欠）（巻一至六）　二冊
般若心経秘鍵　永正四年刊（越後蒲原）　小本一帖
節用集　慶長十六年刊（二条上之町）　二冊
二躰節用集　寛永九年刊（合）　一冊
象戯馬法　元和二年刊　一冊
孔子聖蹟図　寛永九年刊　一冊
仏祖宗派綱要　慶長九年刊　一冊
扶桑略記（脇坂安元本）　六冊
上宮太子伝　室町中期写　（延徳二年識語）　四冊
古文孝経　永正十一年写　一冊
古文孝経（無注本）　室町中期写　一冊
論語集解　永禄三年写　五冊
論語集解　室町末期写　二冊

御　馬　印（寛永六年以前刊）　色刷　　一軸

ほかに「大日本史料」　既刊大揃

最後に挙げてある『大日本史料』については、既刊大揃いは家分文書も全部揃っているが、これを高木未亡人は「これもどうでしょうか」との話だったので、私は安田さんに伺ったところ、「もと私も持っていましたが、焼けてしまったので、必要だからちょうどいい、お引き受けしましょう。」とのことで、一誠堂に評価させたら、一誠堂は自分の方へ払っていただけるものと思って八百円と言ったので、これは安田文庫へ引き受けるのだと言ったら頭を掻いていた。よもやと思ったのも無理はない。しかしながら、『大日本史料』の揃い本を安田文庫へ購入されたことは、安田文庫の将来をどう考えておられたかが推測されて大事な点であると思われる。

それが忘れもしない、安田さんが急に亡くなった十月二十三日の前日であった。高木家から送り付けて来たので、荷造りを解《ほど》いて片付けて私は辞去したが、その時、少し具合が悪いのでお休みとのことであったが、側近の人たちもさほどのことはないとの話で、私どもも何の懸念も抱かなかったのである。そしたら次の日、まだ私が寝ている間の朝早く、電話がかかって来て昨夜亡くなったとの急報である。こんなアッケないお別れも滅多にないことである。だから、お別れした気もしない。そして、生涯お名残り惜しいのである。

掲載写真一覧

図19　脇坂安元印。
図20　同前。
図21　藤原貞幹遺書『好古日録』（大東急記念文庫蔵）。
図22　屋代弘賢遺書『新古今和歌集』（大東急記念文庫蔵）。
図23　狩谷棭斎遺書『爾雅』（大東急記念文庫蔵）。
図24　『慊堂日暦』自筆本（静嘉堂文庫蔵）。
図25　下村本『平家物語』（阪本龍門文庫蔵）。
図26　大田南畝蔵書印「南畝文庫」。
図27　西荘文庫蔵書印。
図28　安田文庫蔵書目（大槻家旧蔵部）。
図29　内野皎亭・向山黄村蔵書印。
図30　安田文庫書目（一枚刷大判書目九種）。
図31　鵜飼徹定蔵書印。
図32　『日本書紀応神記』（奈良国立博物館蔵）。
図33　『古芸余香』（大東急記念文庫蔵）。
図34　関根只誠蔵書印。
図35　末松博士訳『源氏物語』（筆者蔵）。
図36　市島春城翁自筆蔵書目録。
図37　高木利太蔵書印。
図38　高木文庫古活字版目録。

わが国における書籍蒐蔵の歴史＊講義概要

予定（各項目に補記あり、抜書）

（本書では冠辞を「日本における」と変更）

第一回　昭和六十二年三月七日（土）於・大東急記念文庫講堂

現存和漢書の最優秀群　金沢文庫本
金沢文庫の和漢典籍蒐蔵の意義
北条氏蒐集の努力　（建仁二年本伊勢物語下）
金沢文庫本の流出
足利将軍家の摂収　（河内本源氏物語　清水谷実秋補筆）
上杉憲実・憲忠・憲房
小田原北条氏
豊臣秀次
（徳川家康）〔徳川義直敬公〕〔直江兼続〕
（水戸光圀）〔脇坂安元〕〔松平尚房〕
前田綱紀
関白秀次　（補記多数）
徳川家康　（補記多数）

足利学校本・金沢文庫本返却（補記多数）
家康へ献上の金沢文庫本（補記多数）
　大阪城分捕品、武将分捕品

第二回　昭和六十二年三月十四日（土）於・大東急記念文庫講堂

直江兼続　米沢蔵書
曲直瀬道三　養安院蔵書
尾張義直（敬公）
水戸光圀（義公）　水戸彰孝館
前田綱紀
脇坂安元　八雲軒
松平忠房　島原秘蔵
藤原貞幹
屋代弘賢　不忍文庫　阿波国文庫
　柴野栗山
狩谷棭斎　求古楼
　渋江抽斎
市野迷庵

北静廬
伴信友
水野忠央　丹鶴叢書
新見正路　賜蘆文庫
小津桂窓　西荘文庫

第三・四回　昭和六十三年三月五日（土）・十二日（土）於・大東急記念文庫講堂

［明治・大正年間］
明治維新以来の和漢書集散について
大英図書館のケンペル将来本
シーボルト、アーネスト・サトウ、アストン、チェンバレン
楊守敬、黎庶昌
（黒川春村）・真頼・真道
横山由清
西村兼文
田中光顕、野村素介（素軒）
鹿島則文・則泰、小中村清矩、松本愛重
浅野長祚（梅堂）、向山黄村、寺田望南（広業）、新井政毅

田中勘兵衛（教忠）、谷森善臣
神田香巌・喜左衛門・喜一郎
松岡調　多和文庫
根岸武香　胃山文庫、青木信寅、黒田太久馬
内閣文庫
博物局（帝室博物館）　東京（高等）師範学校　小沢圭次郎（酔園）
帝国図書館
東京帝国大学図書館
静嘉堂文庫、岩崎弥之助・小弥太、重野安繹（成斎）
島田重礼・翰
島田南邨（蕃根）
小杉温邨（杉園）
大野洒竹（豊太）
関根只誠
狩野亨吉（君山）
内藤湖南（虎次郎）
市島春城（謙吉）
徳富猪一郎（蘇峰）　成簣堂文庫

安田善之助　松廼舎文庫
安田善次郎（二代）　安田文庫
松井簡治
井上頼圀　無窮会文庫
佐々木信綱（竹柏園）
林若吉　若樹文庫、幸田成友、内田貢（魯庵）、赤松範一、浜野知三郎、上田万年
三村清三郎（竹清）、土肥慶蔵、高野辰之、千葉鑛蔵、中村不折、岡本橘仙
富岡鉄斎・謙蔵
杉村三郎兵衛（丘園）、小山源治、水落露石、渡辺霞亭、浜和助、加賀豊三郎（翠渓）、角田簕、北田紫水、
伊藤松宇、河西和露

［大正・昭和年間］
和田維四郎（雲村）　久原文庫　岩崎文庫
内野五郎三（皎亭）
石井光雄　積翠軒文庫
大島雅太郎　青谿書屋
高木利太、谷村一太郎、栗田元次、布施巻太郎、正宗敦夫、中島仁之助、小田久太郎、尾崎久弥、武田長兵衛

附　　録　246

阪本猷　龍門文庫
ホーレー　宝玲文庫
小汀利得　小汀文庫
中山正善　天理図書館
五島慶太　大東急記念文庫・五島美術館
江嶋伊兵衛　鴻山文庫、岡田眞、横山重

あとがき

本書には実は誕生譚があります。その一部始終をここで語るのは無理で、また不要でもあるでしょうから、誕生譚の導入部と核心部だけを書き留めておきます。本書の輪郭がもうひとつはっきりすると思われるからです。

譚は十四年前（一九八四）の五月に遡ります。川瀬一馬先生とわたくしは、数年来の計画に副ってすすめてきた準備もどうにか目鼻がつき、出発直前までの悩ましい難題をふり捨てるようにして、いよいよ倫敦に飛びました。そして倫敦は西郊の街タンナムグリーンに寓居を定めて自炊生活をし、間もなく片道一時間、木床の地下鉄を乗り継いで大英図書館（通称）に通い始めたのでした。「数年来の計画」とはほかでもありません。大英図書館が所蔵する日本の古典籍資料のすべてを調べて詳細な調書をとり、さらにその調書に基づいて、一つひとつの資料の個性が端的にわかる版下原稿を作成して総目録を編刊するという、いくつもの対外交渉や合意を必要とする内々裡の計画でした。

大英図書館に蔵される日本の古典籍資料は、内外の日本文化研究者、とりわけ日本古典文学研究者にとっては、いわば〝見果てぬ夢〟〝まだ見ぬ美女〟のような存在であったといってよいでしょうか。たとえば、日本国内にもない数種の飛びきりの珍本稀書、それらを蒐集した著名な原所蔵者たち――E・ケンペル、フォン・シーボルト、W・アストン、アーネスト・サトウ、さらには蒐集の時期（江戸時代）などが研究者の想像力を頗る刺激し、そして決定的には〝コレクションの全貌を知りたい〟という渇望感が、彌が上にも「大英図書館伝説」を増幅していたのは無理からぬことでした。

さて、大英図書館の調査を開始したわたくしたちは、たちまち頭をかかえてしまいました。何しろ調書をとるよりも資料の検索・請求・出納に何倍もの時間がかかるのです。文部省学術国際局（当時）との約束は、一年に一度三回、つまり三年間三回の調査ということでしたけれども、実は、いったい日本の古典籍資料の数量がどれくらいあるのか誰も知らないという状態に困惑していたものですから、途方に暮れるほかありません。これでは到底調査の見通しが立たない。そこで旧知の東洋部副部長K・B・ガードナー氏に閲覧室で苦境を訴えると、即座に氏は館内の自室にとって返し、やがてタイプで打ち出された数葉のリストを手に再び閲覧室に現れました。最終番号三百二十五、彼が自ら作成した函架番号付のアーネスト・サトウ全旧蔵書リストでした。

こうして資料の出納も驚くほど短時間で行われるようになり（その後、スタッフ用のマスターカードを全部貸借して、書名と函架番号を移写した独自の全古典籍リストをつくりましたが）、わたくしたちは、ガードナー氏のリストに従って、かつてサトウが日本で蒐集した善本ばかりを連日調査することになったわけです。

二週間余だったでしょうか、日毎に調書原稿が積み重なるに従って、サトウ旧蔵書の一大集積がしだいに姿を現し、同時にコレクションの性格や意味が見えてきました。一つひとつの資料を直に手にとっているときも、単に資料の個性を見抜き、精確な書誌を審定して調書に書きつけるばかりではありません。知らず知らず「サトウはこの資料がなぜ必要だったのか」「何に価値を見い出しているか」等々、頭のなかで彼の著作と比照したり意図を探ったりしています。しかし三百二十五部の一大集積は、自ずからそれらが何であるかを語りかけてくるのです。一々の選び抜かれた善本、その水準の高さ、豊富さ、蔵書の傾向などの奥の方から、アーネスト・サトウの書物そのものに対する愛好、日本出版文化への並々ならぬ関心、歴史性の重視、体系化への意欲、総合に向かう野心といった彼の蒐書のモチーフがゆっくりと浮かび上がってきました。

これは全くちがう。英国の一外交官が幕末の日本国にやってきて、武家社会とその文化を理解して仕事に役立てようなどという域ではない。〝外の人の目〟というよりは、いわば〝内側の眼〟が周到に働いている。当今いう「地域研究」とも微妙に異なる。E・ケンペルやフォン・シーボルトのような「日本論」のための材料集めではなく（ケンブリッジ大学・日大・武田家等に散在するサトウの旧蔵書には、紛れもなくそうした点も窺えると思うが）、これはまさに個別専門研究というほかないと確信しました。どうしてサトウにはこんなことが可能だったのか。彼の主著『日本耶蘇会刊行書誌』『日本における初期印刷史』やそれらについてのコメントを知悉している目にも、現場での以上の実感と確信は大きな驚きでした。

思うにサトウは、自分のコレクションの中核部を形成し、最も力をこめて蒐集した一群をそっくり大英図書館に与えたのにちがいありませんが、日本国内の第一級のコレクションと比べても、特に古版本・古活字版などの分野においては少しも見劣りがしないのです。サトウの蒐書が具体的にはどのようなものか、二、三例示してみましょう。

まず鎌倉時代以来の古版本。春日版・諸寺院版・五山版などがよく揃っていて、日本出版文化の歴史的な流れとその中心部に眼がしっかりと据えられています。たとえば正平版『論語』などは、単跋本・無跋本・明応版・市野迷庵覆刻本、さらには金沢にたった一本しかない天文版の初印本もあるといった具合いで、体系的な視点と配慮をはっきりと窺うことができます。つぎに日本国内にも存在しない稀覯本を拾いあげると、慶長三年刊キリシタン版『落葉集』、弘安三年刊『称讃浄土仏摂受経』、南北朝刊五山版『臨済録』、享禄版『韻鏡』、慶長八年刊古活字版『経史證類備用本草』、元和・寛永頃刊古活字版『月日のさうし』などを揚げることができ、国内に一、二部しか残存しない善本などは、それこそ枚挙に遑がありません。

さて、冒頭で述べた本書の誕生譚は、サトウ旧蔵書リストに端を発し、大英図書館に蔵される極めて水準の高い彼のコレクションのシャワーを浴びたことが引き金となったのです。三百二十五部の集積の調書原稿を書き終える頃には、国内の優れたコレクションとの具体的な比較検討も済み、わたくしたちのこの集積に対する評価はほとんど決していました。そして、この間に語られた川瀬先生の日本国内のコレクション論は、豊かな経験に裏打ちされていて実に面白く、またサトウコレクションの性格や位置づけは正確無比に思われ、大英図書館での一日が終わると、しばらくは連日のようにあれこれのコレクションについての会話がつづきました。とりわけ、川瀬先生の愛惜あたわざる旧安田文庫についての話が中心でしたけれども、その後、E・ケンペル、フォン・シーボルト旧蔵の調査がすすむに従って、話題は国内の歴史的なコレクション全般に及び、尽きることを知らないのでした。

ある晴れた日の休日、寓居での昼下がりだったと思います。わたくしたちがリビングの椅子にもたれて食後の紅茶を飲んでいるときでした。わたくしは川瀬先生に、「昨夜自室でまとめてみたのですが」とひとつの構想らしきものを話し、これを「講義形式でお話ししていただけませんか」とお願いしました。それが「わが国における書籍蒐蔵の歴史」にほかなりません。

そのときの、わたくしの提案した構想らしきものとはおおよそ次の如くでした。

一、わが国の主なるコレクションを、蒐蔵者、蒐書の目的・動機、内容、特徴、集散の経緯、評価などの観点から歴史的に論ずる。

一、明確な目的をもち、特定の分野に限ることなく広く〝集めた〟コレクションを対象とする。

たとえば〝集まった〟正倉院、家系保存の陽明文庫・天皇家の東山御文庫、家学としての冷泉家時雨亭文庫・清原家のコレクションは今回は除く。

一、北条家蒐集の金沢文庫を嚆矢とする。

一、「歴史」では、豊臣秀次、徳川家康、前田綱紀を論じ、田中勘兵衛、アーネスト・サトウ、田中光顕に至る流れをつくる。

一、終章は川瀬先生と実際に交誼のあった著名な蒐蔵家とそのコレクションについて詳述する。

一、著名な蒐蔵家とは、徳富蘇峰、内藤湖南、狩野亨吉、市島春城、鹿島則泰、松井簡治、猪熊信男、布施巻太郎、安田善次郎（二代）、林若樹、松永安左ヱ門、五島慶太、高木利太、阪本猷、石井光雄（積翠軒）等であり、アンカーは小汀利得である。

一、面識はないが、近・現代の蒐蔵家の雄として富岡鐵斎・和田雲村・中山正善（天理図書館）を「歴史」から欠くことはできない。

一、「講演」ではなく「講義」の形式をとる。聴講者は予約制の三〇～四〇人を限度とし、テーブルを前に着席して聴講する。

一、「蒐蔵の歴史」は全く初めての試みで、荒野に道を拓くのであるから、質疑応答で補いたい。

一、講義の回数は内容次第。場所は大東急記念文庫講堂。期日は来年（一九八五）の春、大英図書館第二回調査に出発する前。

右の構想は、川瀬先生との対話のなかで多少の肉付けはされたはずですが、ほぼこの通りの内容だったと思います。わたくしのこの提案のような依頼に、先生は「やってみましょう」とその場で応諾されたのですが、「何人かの蒐蔵家とそのコレクションについては、すでに発表したものがあります。しかし歴史となるとこれは難題です」と、いつになく困惑気味であったのが印象に残っています。

「講義」は、思いがけない川瀬先生の長期入院と病後の養いのために二年間おくれ、結局二回に分けて実現しました。第一回（前篇）は昭和六十二年三月、第二回（後篇）は翌年の三月、それぞれ二日間ずつ一講座二時間、合計四講座八時間に及ぶ講義が行われました。その後第一回目の講義録（前篇）は、大東急記念文庫の機関誌『かがみ』特別号第二十七号（昭和六十二年七月刊）に、第二回目（後篇）は同誌特別号第三十号（平成四年三月刊）に各々発表掲載されたのですが、その際、講義録は全面的に改稿されたことを付記しておきます。

以上、本書の誕生譚について述べてきましたけれども、誕生に至る流れの最初の一滴であった旧安田文庫の項目がありません。実は後に別項を立てて執筆していただいたのです（「安田文庫自責悔悟の記」）が、結局、「歴史」のなかに組み入れることは断念せざるを得ませんでした。文庫主人安田善次郎（二代）とそのコレクションについては、ほとんど本書の全篇を覆っているといってよく、思うに川瀬先生にとって安田文庫は、今もって、到底一項目に収めることができない存在であるのだろう、と理解しています。

さらに本書誕生譚の一資料として、両講義時に配付した講義概要を文末に付載しておきます。「書籍蒐蔵の歴史」に、本来欠かせないと考えて構想した人物とコレクションが、やむなく本書には省かれているけれども、講義時には構想通りに登場していたことを読者に確認していただきたいからです。ただ、講義概要に記載しながら講義時では後回しにされて時間切れとなり、遂に本書からも落ちてしまった近現代の代表的な蒐蔵家がいます。富岡鐵斎・和田雲村・中山正善（天理図書館）の三人です。これについては甚だ不本意で、「歴史」にそこだけポッカリと穴が空き、本書が「未完」であることをことさらに際立たせています。川瀬先生が先の『かがみ』第三十号の編輯後記で、「蔵書の歴史はまだ後が続く。しかるべく続稿して纏めておきたい」と記された所以です。

ともあれ多数の図版を本文中に組み入れ、索引その他を付し、単行書に相応しい再編集を施して本書はまさに産声を上げようとしています。が、いち早く本書の誕生を熱心に促してくれた人物を忘れることができません。本書の版元であるぺりかん社の編集部長宮田研二氏です。宮田氏は、昭和六十二年に行われた第一回の講義を受講され、講義が終わるや間髪を入れずに本書の出版をわたくしに申し出られたのだったと思います。正直にいうと、この早業には驚き呆れました。と同時に、飽くまで沈着冷静な外貌とは裏腹に、打てば響くとでもいう素早い直感力の持ち主と畏れたのでした。以来十年余、わたくしの一年が一日であるような境遇の人であろうのに、初めの構えを崩さない。おそらく驚き呆れられていたのに違いありませんが、相談ごとで電話などすると、どこまでも親身この上もない。本書の上梓は、かくのごとくに宮田氏の不思議な忍耐力に負うところ大であったことを記して、感謝とともに長く記憶にとどめたいと思います。また、本書の編集を担当され、わたくしの厄介な申し入れをすべて受けて、奔走された原八千代氏にも感謝します。いつものように村木敬子氏には、図版収集、校正、索引づくりなど助力を乞いました。

最後に、本書に何程かの達成があるとすれば、それは川瀬先生を得ることなしには果たせなかったということです。しかし、そもそもの企画に加わった者としては、十分に川瀬先生の持てる力を引き出し得たとは思われません。もう少し肌理のこまかい、整序のゆき届いた高い達成が可能だったのではないかと悔やまれます。少なくとも「歴史」の大穴を埋めたり、蔵書の内容、特徴、集散の経緯などについての論を深めることができたのではないかと欲ばったことを考えます。だが、それはそれとして、少々荒削りではあるが、文化史の一分野の最初の一歩を踏みだしたことに小さな意義を認め、今後の飛躍的な成果を待つべきであろうと小慰するばかりです。

平成十年九月二十九日上野毛にて　岡崎久司記

川瀬一馬先生の〈幻の金沢文庫論〉

岡崎久司

初版本の「あとがき」に、本書成立の端緒が大英図書館での調査時であったこと、そして着想とや詳細な構想、さらに一書を編み終えての反省点などについて書いた。今再読の機が巡ってきて、すべては記憶のなかと思いつつ、ゆっくりと頁を繰る。すると三十年前には気づきもしなかったことが、いく筋か流星のように走って、脳裏から離れない。

一つは本書の成立を促したメモだ。あれはどうしたんだろう。たしか明日は休館日という前夜、朝日がロンドン郊外の寓居に差しこむまで書き継いだメモ。構想と企画が次々と湧いてきて、書きつけたメモは十五枚だったか二十枚だったか。三カ年三次に亘る調査（川瀬先生の思いがけない大病もあったりして、結局六カ年五次の長期調査となった）の一年目だったが、帰国後に予め計画していた調査報告会は、聴講者を募っての講演会に。テーマも「江戸時代ケンペル、シーボルト、アーネスト・サトウほか来日外国人による日本古典籍の蒐集について」から、「日本における書籍蒐蔵の歴史」へと、構想は大きく動いた。

翌日の午後、メモは川瀬先生との協議で、ほぼ本書に見るごとくに修訂され、講演会も帰国後に都合四回に分って連続講座として催された。初回からレヂュメを配布しての定員制としたから、その都度の聴講希望者からはブーイングがきた。ただ耳を澄ますと、三十年経った今でも聴こえてくる心地よい声がある。ロンドン郊外の林に響いていた野鳥たちの朝の囀りだ。と同時に「書籍蒐蔵の歴史を語ることができるのは、川瀬先生をおいて他にない」「今を逃したら文化史の一沃野が埋もれたまま……」と妙に思いつめていたあの晨が蘇ってくるが、そのときのメモが出てこない。どこに眠っているのか。

二つ目は、本書刊行の前後についてだ。記憶がぽっかりとぬけている。再読しながら、本文以外には「先生の気配がない。静まりかえっているがどうしたのか」と思ってしまった。突瑳に本書の発行日に目をやる。「一九九九年二月十五日」とあり、先生の他界の日は二月一日。次第に空白だった記憶が蘇ってくる。

刊行の一年近くも前だった。先生から講演録に手を入れた最終稿を託され、入念に目を通して版元に入稿したときのこと。版元とのやりとり、先生宅とのやりとり。それから講義概要（レヂュメ）ほか加筆原稿の執筆。存命中なのに、たびたび「あとがき」を急かされる異和感……。あれもこれもで忙しなく、日々疾走していた。ともあれ、なかなか記憶が戻らずぽっかりとぬけていたのは、本書が多作だった先生の最後の一冊だったということだ。

実は一年後に、さる出版社から「遺稿のなかから未刊の一本を」という熱心な要望があった。申し出に応えて『書誌学入門』なる一書を編んで刊行した。「入門」と冠するけれども、「古典籍・資料の時代判定」が主題（当然といえば当然）の一冊だから、初心者どころか、相当な研鑽を積んだ研究者でさえ悩ましいはずなのに、なぜか何度も版を重ねた。しかし、これは先生の預り知らぬ一冊で、編者がすべての責を負うべきと思っている。

三つ目は、本書の巻頭を飾る1「金沢文庫の和漢典籍蒐集」と、2「金沢文庫散佚」を一気に読み終えたときに流れた。「どうして今まで気づかなかったのか」「待て！　これが本当に〈幻の金沢文庫論〉の骨子といってよいか」と強くブレーキを踏みこむ。改めて両篇を注意深く読み返した。

職を得て、川瀬先生とお会いしてから二年後だったと思う。春秋二回、各一週間の予定で国内の訪書旅行をすることになった。実際先生には、文化庁を介して自治体や個人ともども、全国から所蔵する古典資料を鑑てほしいという依頼が少なからず舞いこんでいた。また、中世文学研究を志して安田文庫で働いておられた青年の頃、先生は軍資金付きで「古活字版の研究」という大きな課題を抱えながら、全国の名だたるコレクションを黙々と巡り歩いた。「今のわたしがあるのは、あの頃のお蔭です」と何度聞かされたことか。従って春秋二回の研修青年との訪書旅行は、そうした依頼に応えての各地の寺社や素封家を尋ねること。そして主には、かつて先生が巡り歩いた思い出の地とコレクションの再訪、再々訪であった。ただし、理事会における先生の訪書旅行企画提案理由は、「古典籍を専門とするからには、この国を代表する識者が著した歴代の書物すべてに、書誌だけでもよい、通暁すること」。

古美術品や古典籍資料の宝庫で働くことになった一青年に、古書を中心とするきちんとした再教育を施す。併せて、実践経験を積ますべきという計いであったこと、疑うべくもない。たしかに近畿・中国・九州・四国、そして東北・北陸と巡り歩くときの古典籍資料との出合いはスリリングで、いつもながら、調査に向うときなど胸がときめいた。だがその反面、それまで築きかけていたささやかだが愛着のある自前の保塁は、あっけなく吹き飛んでしまった。一国が産み落したすべての著述や出版物を頭から浴びることになったからだ。

国書も仏書も漢籍もありはしない。早朝調査所に着座すると、目の前に全時代・全領域の古典資料が次々と積み上げられる。そしてそれぞれの産みの親やその謂われ、刻時や出生地などを明らかにせよ、と挑むようなのだ。無言だけれども「腕前拝見」といっている。山嶺を遠望する里山、また湖畔に臨む集落の社寺など、檀家や縁者がズラリと見守る前で、中世に行き渡った「大般若経」六〇〇巻が山をなす。刊記などはまずない。その代り随所に夥しい墨書の書き入れがある。節季ごとの行事の真ん中に座していたからだが、それらは中世からの具体的で貴重な情報だ。一字一句読みとって調書に採取する。

訪書旅行は、また文字通りマンツーマンのゼミでもあった。旅の往還時や移動、食事や休憩どき、一日の調査が終って夕食を挟んでの自由な歓談……。「わたしはお酒はダメですからお構いなく、あなたはビールなり何なりとどうぞ。若いときから先生方や先輩たちとの酒席は好きでした。もっとも忌憚のない学問論や美味しい和食料理がお目当てでしたが……」といった具合いで、時間はたっぷりとあった。

先生は終生、能研究者を自認され、ご自分でも数曲舞われた。幕末最後の勧進能を主催した宝生《ほうしょう》九郎《くろう》のこと、声は枯れていたが、その忠実な弟子筋である名人野口兼資のこと。スポンサーが武家から大商人に変ったことと、ロシア経由の演劇が入ってきたことで、明治期に能がどんな変容を見せたかなど、無知な青年にも先生の所説は忘れがたい。また「猿楽の初期段階は、役者は身体能力の優れた体操選手のように宙返りを打ったり、舞台はアクロバットか曲芸を観るようだったでしょう。それが観阿弥・世阿弥が出て、曲を作るようになってから急速に変っていく……」。もし一青年に、日本の芸能についてもう少しの知性と関心があったら、先生の話はとめどがなかったにちがいない。

先生との歓談は、いつしか決って古典籍資料へと移っていったが、先生にやや手薄だったのは一部江戸期の戯作のみで、研究が網羅的だったから、結局先生の主要著作のどれかに収斂し、いずれかから出発した。『古活字版之研究』『五山版の研究』『足利学校の研究』等々、きちんと読んで手応えのある応答をするのは、駆け出しの青年には至難だった。問いや理解自体が採点されていて、そのレベルが計測されているからだ。ましてやそれらの余話、寝室の枕よりも部厚い論文集『日本書誌学之研究』『続日本書誌学之研究』『日本文化史』などに所収の一論文（某氏との論争があった）など、お手上げだった。そんなときは、率直に未読で論争の次第も不案内であることを申し述べる。すると懇切なレクチュアが淡々とくり展げられた。

以上は、ほぼ四十五年近くも前、川瀬先生と行脚した訪書旅行を思い起こして一端を記した。キーワードは「金沢文庫」だ。この歴史的な名前を親しみの籠った声で初めて聞いたのは川瀬先生からで、しかも琵琶湖畔に臨む近江源氏縁りの樹下《じゆげ》神社への訪書旅行のときだった、という記憶が突如蘇ってきたのだ。「質量ともに群をぬき、初めて一国の文化の礎――国書・漢籍・仏書の聳え立つ山脈を築いたのは、鎌倉時代の執権北条家の金沢文庫です。漢籍の宋版などは飛びきりの稀書だったし、史書を除き原本はないにせよ、国書の最善本の写本はことごとく揃っていたと思われます。その昔の金沢文庫ですけれど……」。実修中の一青年は、金沢文庫を訪れたこともなく、〈その昔〉と〈今〉がどうちがうかなど何一つ知らない。

二、三年もすると、先生の口から金沢文庫という名が出ると身構えるようになった。「金沢文庫論を書くつもりです」「やはり金沢文庫論は書いておきたいと思います。いろいろ考えあぐねてきたのですが……」と何度となく触れ太鼓は打たれるけれど、書き始められた様子がない。どんな論が構想されていたのか、通説とは大いに異ってていたはずだが、遂にその全貌が公表されることはなかった。

先生の口からこぼれ落ちた金沢文庫についてのきれぎれの言。遠い記憶のなかを歩き回って寸言を拾い、左記に列挙してみる。

一、それぞれ専門の筋に転写を乞うのですが、残存する転写本をじっくりと考察すればわかります。金沢文庫が蔵したのは、原本直接からか、それに類する最善本からの伝本です。金沢氏が単独でできる技ではありません。平安・鎌倉時代の写本について、多くの事例を見ない人にはわかりません。

一、たとえ皇家、堂上家、将軍家であっても、当代の世評の高い筋のよい伝本を入手することは容易でないのです。料紙が稀少で高価な上に、書物は絶対に貸し出したりしないのですから。国中に散ってしまった金沢文庫旧蔵本を検すると、どのようにして蔵本とすることができたのかを問わずにはいられません。

一、北条氏も金沢氏も、六波羅探題職に就きました。これが金沢文庫成立に有利に働いたはずです。一種の秘密警察的役割を果していたのですから。

一、極上の北宋版の入手には謎が多い。すでに中国は元時代です。果して向こうの市場に、まだあったかどうか。あるいは先行の留学僧たちが持ち帰った漢籍かもしれない。いずれにせよ、金沢氏単独の力量を遥かに超えています。

一、金沢文庫印は、端緒から捺されていたと思っている人が多いがそうではありません。上杉憲実、豊臣秀次等々が持ち出すたびに、管理を任されていた称名寺が危機感から印を造り捺印した。だから同様式ですが、異版の印が複数あるのです。こんどいっしょに文庫印が何種あるか、写真を集めてあるから検討してみましょう。勿論偽印も多いですが……。

座り直して1「金沢文庫の和漢典籍蒐集」と、2「金沢文庫散佚」を読み返すと、「骨子」とまではいえないが、川瀬先生が論を展開する重要な観点にはちがいないと思った。文庫成立に関する1「典籍蒐集」中に掲げられた観点を数え上げるとザッと三〇。筆者の記憶に残るきれぎれは、右に記したごとく五。この五のうちの四は三〇に含まれていて、内容はほぼ重なるといえるだろう。本書をお読みになればわかることだから、通説とは異なる先生の観点はここに列挙しない。

ただ、先生は北条泰時を高く評価されていた。本格的な武家政権の基盤を築いて軌道に乗せたのは泰時で、金沢文庫の成立も、そうした時代の潮目と無関係ではないとして、先生は幻の金沢文庫論を展開されたか、と勝手に推測している。先生の学問が、具体から出発してどこまでも実証を重んじ、何であれ課題をその時代のなかにもちこんで考察することに徹していたからだ。

（元早稲田大学客員教授）

本書の原本は、一九九九年にぺりかん社より刊行されました。

主要人名索引

あ

か

さ

た

な

は

ま

や

ら

わ

主要文庫・書店名索引

あ

か

さ

た

な

は

ま

や

ら・わ

主要文献索引

＊**太字**は写真掲載頁。

あ

か

さ

た

な

は

ま

や

ら

著者略歴

一九〇六年　東京生まれ
　　東京文理科大学国語国文学科卒業
一九三九年　「古活字版之研究」で帝国学士院賞、青山学院女子短期大学教授、文化財保護審議会専門委員、大東急記念文庫理事、五島美術館理事、阪本龍門文庫理事長、静岡英和女学院院長を歴任
一九九九年　没

〔主要著書〕
『日本書誌学の研究』、『足利学校の研究』、『古辞書の研究』、『増補　古活字版の研究』、『五山版の研究』、『日本文化史』、『日本書誌学概説』、『日本出版文化史』など百二十余冊。

読みなおす
日本史

日本における書籍蒐蔵の歴史

二〇一九年（令和元）八月一日　第一刷発行

著　者　川《かわ》瀬《せ》一《かず》馬《ま》
発行者　吉川道郎
発行所　株式会社吉川弘文館
郵便番号一一三―〇〇三三
東京都文京区本郷七丁目二番八号
電話〇三―三八一三―九一五一〈代表〉
振替口座〇〇一〇〇―五―二四四
http://www.yoshikawa-k.co.jp/

組版＝株式会社キャップス
印刷＝藤原印刷株式会社
製本＝ナショナル製本協同組合
装幀＝渡邉雄哉

ISBN978-4-642-07107-9

刊行のことば

現代社会では、膨大な数の新刊図書が日々書店に並んでいます。昨今の電子書籍を含めますと、一人の読者が書名すら目にすることができないほどとなっています。ましてや、数年以前に刊行された本は書店の店頭に並ぶことも少なく、良書でありながらめぐり会うことのできない例は、日常的なことになっています。

人文書、とりわけ小社が専門とする歴史書におきましても、広く学界共通の財産として参照されるべきものとなっているにもかかわらず、その多くが現在では市場に出回らず入手、講読に時間と手間がかかるようになってしまっています。歴史の面白さを伝える図書を、読者の手元に届けることができないことは、歴史書出版の一翼を担う小社としても遺憾とするところです。

そこで、良書の発掘を通して、読者と図書をめぐる豊かな関係に寄与すべく、シリーズ「読みなおす日本史」を刊行いたします。本シリーズは、既刊の日本史関係書のなかから、研究の進展に今も寄与し続けているとともに、現在も広く読者に訴える力を有している良書を精選し順次定期的に刊行するものです。これらの知の文化遺産が、ゆるぎない視点からことの本質を説き続ける、確かな水先案内として迎えられることを切に願ってやみません。

二〇一二年四月

吉川弘文館

鎌倉幕府の転換点 『吾妻鏡』を読みなおす
永井　晋著
（続　刊）

奈良の寺々 古建築の見かた
太田博太郎著
（続　刊）

日本の神話を考える
上田正昭著
（続　刊）